デジタルで教育は変わるか

赤堀侃司［著］

Jam House

はじめに

フィンランドのヘルシンキ、アメリカのデンバー、シンガポールなどの小中学校を、ここ数年で訪問するチャンスがあった。それ以前には、中国の上海や北京、韓国、台湾、スリランカ、ヨルダン、イギリス、オーストラリアなどの小中学校を訪問した。ここ数年とかつての教育現場を比較すると、少し異なるような気がしている。それは、どの国でも、同じような方向を向き始めたという印象である。一言で言えば、21世紀型学力や能力やOECDのキーコンピテンシーや、日本の生きる力のような方向である。

シンガポールでアジアの教育国際会議に参加して、特にその印象を強くした。どの国でも、子どもたちが主体的に学習し、課題を追求し、解決するという課題解決型であり、日本の思考力・判断力・表現力のような能力育成を目指している。それが、国主導か州主導か学校を基礎にするかの規模の違いはあっても、目指している姿は同じである。さらにICTやデジタル環境が必須の条件になっている。デジタル環境が整備されていないと、素手で戦う兵士のようなもので、とても太刀打ちできない。日常生活においても、電気・水道・ガスなどの他にインターネットの情報インフラが、ライフラインになった。それは、大地震などの自然災害で実証済みである。

同じように教育の世界においても、デジタル環境の整備が必須となり、子どもたち主体の学習の実現に向かいつつある。本書では、世界で広がっている教育改革とデジタル環境との関係を、多くの事例を挙げながら述べている。デジタルで教育が変わるかどうかは断言できないが、少なくともデジタルなくしては、変わることはできないだろう。ただし、すべてデジタル化することで教育改革ができるわけではなく、多くの要因が寄与している。例えば学習者用デジタル教科書のように、多方面からの検討が必要な課題もあるので、本書では研究と教育実践の視点から述べている。

言うまでもなく本書は、私の所属する組織ではなく、私個人の考えに基づいて書き下ろしたものである。

平成28年5月吉日　著者　赤堀侃司

第3章 教育システムが変わる……75

第4章 学習の仕方が変わる……95

1

仕事の質が変わる

今後10年先には、現在の仕事はどうなるのだろうか。様々な未来予測が言われているが、教育には何が求められ、どのような力を子どもたちにつければいいのか。

無くなった仕事

いつの間にか、駅に切符を切る駅員さんがいなくなった。すべて自動改札になったからである。便利なカードがあって、自動改札に触れるだけで、改札扉が開いて、そのまま通ることができる。カードを自動改札に触れると書いたが、正しくは、近づけるということであろう。数センチメートル離れていても、カードは正しく作動するからである。関東圏だけと思っていたら、日本全国同じようなシステムが行き渡り、便利になった。もし、間違ってカードを触れるとエラーになるので、改札口の駅員さんにカードを渡すと、カード情報を読みとって、入った駅でのカードの読み取りがおかしかったと言って、カードへの書き込みを修正するので、文字通りカードが触れる瞬時の間に情報を読み書きしているのだが、その処理にはただ驚くしかない。カードを使う前は切符を買っていたわけで、今思えば、よくあのような面倒なことをしていたと、不思議に思うことがある。

車のカーナビには、誰も敬服しているだろう。これは、敬服という用語以外に適切な言葉が浮かんでこない。行先の電話番号で、道路の表示をしてくれて、到着時刻も推測してくれる。GPSというシステムであることは誰も知っているが、驚くべきは、2万メートルも離れている複数の人工衛星から電波を受け取って、それで数十センチメートルの誤差で現在地の位置を計算するという仕組みである。その技術のすごさには、文字通り敬服するしかない。人間の英知が結集されている。おかげで車に乗って行先を教えれば、道路標示にしたがって運転すればよい。逆に、道路や地図を覚えなくなったと、車を運転する人は誰もが実感しているだろう。しかし今カーナビが無かったら、遠出は怖くて運転できないだろう。助手席に地図を持っている人がいて、助けてもらわないと不安になる。昔はカーナビがなくて、よく運転していたと感心することがある。最近では、車にセンサーを付けて、センサーが車の障害物を読み取るので、ハンドルさえ持たなくても運転できる自動運転が現実になった。この技術を使えば、将来はバスの運転手も要らなくなるだろう。

スマホを持っていると、いろいろ便利なことが多い。電話であれば、相手がその時に電話に出てくれなければ、用事を伝えることができないが、メールであれば、時間の制限がないので、いつでも送ることができる。最近のスマホは、音声認識機能が優れていて、スマホに向かって話せば、文字に変換してくれる。しかも、かなり正確である。文字の長さには制限がないので、かなり長文でも文字化できる。駅のプラットホームなどで、音声入力でメールを送ることも多い。スマホの文字入力が、私は苦手だからである。きわめて便利になった。さらに、自動翻訳機能があって、日本語で話すと、英語でも中国語でも翻訳してくれる。文字化もできるし、機械的な音声であるが言葉も話してくれる。かつて、未来学が流行って、将来どのような生活ができるかという夢を描いたことに、人々は興味を持った。今のスマホは、まるでドラえもんのポケットから取りだす秘密の道具のように、何でもできる道具のように思われる。

未来の予測

このように考えると、駅の切符切りと同じように、車の運転手、外国語の通訳者も、スーパーマーケットのレジで会計をしている人も、要らなくなるかもしれない。この将来予測をした経済学者がいる。アメリカのマサチューセッツ工科大学の経済学部のダビッド・オーターが、数学的なシミュレーションを行った結果で、国際会議などでよく引用される（D.H. Autor, The Quarterly Journal of Economics, November 2003）。詳細は省略するが、手順で示される仕事は、急速に無くなり、逆に手順で表されない仕事は、発展するという。手順とは、始めにこうして、次にこうしてという順序のことで、コンピュータのプログラムと同じである。プログラムは、よく知られているように、コンピュータが実行する命令を順序良く並べたもので、もしこの場合は、こうしなさいという条件文も含まれている。例えば、ある販売店でのマニュアルは、もしこのようなお客さんが来店したら、こう対応しなさいと書かれているので、条件文の塊のような内容がマニュアルだとわかる。マニュアルは説明書とか手順書と呼ばれて、その通り実行することが前提となっている。まるでロボットのようだと感じるかもしれないが、その通りである。マニュアル通り実行するのは、人間よりもコンピュータの得意なことは言うまでもない。だから、ダビッド・オーターの予測は、マニュアルに書かれるような仕事はすべてコンピュータでできるので、コンピュータが代用することになり、人間の仕事は減るという結果を示している。

先に述べたように、コンピュータがセンサー技術やGPS技術と結びついて、ロボットや車の自動運転になり、音声認識技術と結びついて自動翻訳や通訳となり、人間の仕事の代用をする社会が、急速にやってくることになる。ニューヨーク市立大学のキャシー・デビッドソンは、子どもたちの65％は、大学卒業後、今は存在していない職業に就くといい、オックスフォード大学のマイケル・A・アズボーンは、今後10年から20年程度で、約47％の仕事が自動化される可能性が高いと指摘している。

これからの人間の仕事

当然ながら、マニュアルに書けない仕事、手順書で表せない仕事、ロボットでできない仕事を、人間がするしかない。コンピュータは、プログラム通りに実行することはできるが、プログラム自身を作ることはどうだろうか。例えば、みそ汁の作り方のプログラム程度なら、他の料理の知識を学習させれば、コンピュータ自身で作り上げるだろう。家庭の主婦なら、簡単にできる。しかし、夕食を作ろうと思って、冷蔵庫を覗いたときに、いくつかの食材が残っていて、これで新しい料理を作ろうと思ったら、少し難しいと感じるだろう。これまでの料理のレシピの知識を呼び出せば、なんとか作れるかもしれないが、味は保証できないかもしれない。新しいという点が難しく、コンピュータができることは、膨大な料理レシピの知識からの推測なので、蓄積されている知識を超えることはできない。このことも最近の人工知能の技術で乗り越えるかもしれないが、人間がなすべきは、決まった手順ではできない仕事であることが当然であろう。

料理のレシピではなく、教師の仕事はどうだろうか。例えば、昨今の教育課題として、いじめ不登校があるが、その根底に教師や子ども同士のコミュニケーション不足がある。そこで、中高生向けの学校設定科目で、コミュニケーション科を作ろうとしたらどうだろうか。これは架空の話ではなく、研究開発学校と呼ばれる新しい教育課程を開発する学校のテーマでもある。コミュニケーション科に必要な単元、内容、教材、活動、評価など考えれば、簡単ではないことがすぐに理解されるだろう。このようなことは、日常生活にも多くある。

私は、講演を依頼されることがある。講演内容は、例えば、ＩＣＴの授業での活用、情報教育の現状と課題など、およそ類似のテーマが多い。コンピュータならどう講演内容を作るだろうか。過去に蓄積した類似テーマの膨大な情報から、ある方法で講演内容を抽出して作り出すことができるかもしれない。人間の場合は、その方法自身が異なっている。過去の他人の講演を参照しないことが多い。著作権に関わることもあるが、他人の考えを自分の考えとして公表すること自身に、違和感がある。そして自分の研究や実践に基づいて講演資料を作るが、同じ内容にしたくないという意識が働く。同じテーマであっても、何か変えたいという潜在意識は強い。それは講演をした人なら、誰でも同感するであろう。経験的には、同じテーマで、同じような対象者で、同じように資料を作って、同じような話をしても、聴衆からの反応が全く異なる場合も多い。これは、マニュアルではどうにも対応できない。コンピュータではできない仕事と言っていいだろう。

教師も同じで、同じような授業であっても、同じにしたくないという意識が働いて、何かを変える。それが、たとえ失敗する可能性があったとしても、変えたくなるのである。人は、本質的に変えたくなる動物である。それが、過去の情報蓄積を検索し、抽出する方法を用いるコンピュータと、本質的に異なる機能と言える。

変えることの意味

子どもの頃、漢字30文字を書いてきなさいという宿題があって、例えば、海という漢字なら、3つに分解して、初めにサンズイだけを30文字書いて、最後に母の文字を30文字書いて終わりという経験を、誰もしているだろう。同じ文字を30文字も書くことに、子どもであっても耐えられないからである。だから、何か変わったことをしたくなる。そのアイデアが浮かんできたときは、目が生き生きとする。同じ漢字の書き取りでも、変わった方法を導入すると、たちまち生き生きと目が輝く。

私が経験した方法は、口に2画を付け加えて、漢字を作れという課題である。例えば、田は、確かに、口に2画を付け加えている。これを、教室の座席で右側と左側の2群に分けて競争させると、教室が盛り上がることは言うまでもない。大学では、まさかできないだろうと思うかもしれないが、私は実際に行った。教育方法論の中の、ゲームと学習という単元で実践したら、これまで黙って座っているだけの学生が、思いついた漢字を書くために、座席から黒板に向かって嬉しそうな顔をして走ってくる光景を、今でも思い出す。田は最も簡単だが、四もすぐに思い浮かぶ。由や申、甲、旦も、同じ発想なので、すぐに想起しやすい。右とか石などは簡単だが、跳ねるところに工夫が必要だ。さらに、史になると、口を突き通すという発想で、思いついた学生に拍手が起こる。最後に、司や号などが出てくると、芸術的だと感嘆の声が上がる。それは、その人のアイデアへの賛辞の声である。

人は、他人が思いつかないアイデアに、惜しみない賛辞を贈るが、それはこれまでと違う方法や考え方に、共鳴するからである。同じことの繰り返しでは、誰もが飽きがきて、まるで機械のようだと言う。人のすべきことではないと感じるのである。

カーネギーメロン大学

アメリカのカーネギーメロン大学は優秀な学生の多い大学である。世界各国から、学生が集まる。日本からアメリカの大学に留学する時、真っ先に英語力が頭に浮かぶ。ＴＯＥＦＬを勉強しなければと誰も思う。誰もが、自分に英語力がもっとあればなあ、とか、日本が英語圏だったら、自分はもっと世界に知られた研究ができただろうとか、嘆息する。一方、英語と言っても、単に言葉ではないか、外国人は、日本人があの難しい日本語を話すことに驚嘆するではないか、もっと自信を持ってもいいではないか、と自分を慰めることもあるだろう。そもそも英語が世界に受け入れられているのは、アメリカの経済力なのであって、自分の研究や能力とは関係ないと思うこともあるだろう。しかし現実は、英語力の未熟さに嘆き、大人も通勤電車の中でＣＤを聞いて勉強している。日常業務が英語だという企業も現れた。

しかし、本場アメリカのカーネギーメロン大学では、英語力は関係ないという実践をしている。まず、大学に入学するには、登録が必要だが、受付窓口にタブレット端末があって、大学の担当者は、もちろん英語で話すが、タブレット画面には、言語選択のボタンがあって、例えば日本語を選択すると、画面に自動翻訳によって、担当者の英語が日本語で表示される。その逆も可能で、日本語で答えると、担当者には英語表示されるという仕組みになっている。この翻訳システムは、授業にも適用されていて、学生は、自分のPCでもタブレット端末でも、あるいは大学の用意したPCでもいいが、その画面で、講義内容を母国語の文字で読めることができる。すでにいくつかの講義では実用化されているという。

この講演を、直接にカーネギーメロン大学の教授から聞いたが、感銘を受けた。本場のアメリカで、英語という道具やスキルではなく、専門分野を理解する能力、論理的な思考力や判断力など、コンピュータではできない人間としての能力を求めている。未来の姿を見たような気がした。しかし、それは未来の光景ではなく、現実にその通りである。私は、持っているスマホで、音声入力を日常的に使っているが、きわめて便利である。特に、家族などへのメールは、音声入力で文字に変換して送信するので、まったく不便を感じない。有難いとしか言いようがない。

コンピュータ技術は進化する。ますます加速するであろう。それをいかに活用するかが大切で、その見本のような実践を、カーネギーメロン大学の教授から聞いて納得した。進歩する技術は、使えばいいのだ。人々の生活に役立つなら、遠慮はいらない。大いに活用しよう。もちろん、注意すべきことは、多くある。落とし穴もある。だから、情報活用能力が必要だが、始めの姿勢として、逃げてはいけない。技術を取り込む姿勢によって、本来の人間の能力を高めることができる。その思考力を育てる学校教育が、求められる。

子どもの思考

子どもに、コンピュータではできない思考力や論理的能力を身に付けさせるには、どうしたらいいだろうか。学校教育では、このことはよく考えられていて、いかに子どもたちの思考力を高めるかの授業が展開されている。特に、小中学校における実践では、このことは当然のことである。

京都教育大学付属桃山小学校の総合的な学習の時間で、分類しようという単元を参観した。黒板に、いくつかの動物の絵が描かれた小さな画用紙が、貼られている。画用紙の裏には、磁石が付いているので、取り外しが自由にできる。黒板を見ると、サイ、ウサギ、ワニ、クジラ、カエル、ヘビ、カメ、ペンギン、サメなど20種類くらい並んでいる。これを、分類してごらんと教師が声をかける。動かさないと子どもたちは分類しようがないので、それぞれのグループには、小さな白板と、動物の絵を書いた画用紙が、配られている。この授業では、参観者である私たちにも、同じような白板と動物画用紙が与えられて、自由にやってくださいと言われたので、記憶に残っていた。

正直、困った。クジラは確か哺乳類で、カエルは爬虫類か両性類か、頭の片隅にうすぼんやりと残っていた知識を、必死で探した。隣にいた参観者も同じ思いのようで、困った顔をしていた。同じような困難な状況になると、人は助けを求めて、相談する。「どうだったですかね。ワニ、カエル、カメは、同じ両生類ですかね。サメは魚類だから問題ないとして、ペンギンは難しいな。でもよく、こんな難しい問題を、小学校

1年生か2年生で、どうしてやるのですか。昔とずいぶん違っているのでしょうか」などと、話し合いながら、なんとか先生に当てられないように、恥をかかないように、隅で小さくなっていた。

幸い、参観者に指名しなかったので、ほっとしたが、子どもたちが、「はい、はい」と言って手が挙がったのには、驚いた。そして、子どもたちの発言を教師が板書した。そこには、海に住んでいるかいないか、しっぽがあるかないか、羽があるかないか、毛があるかないか、人より大きいか小さいか、など、自由な子どもらしい発想が展開されていた。教室が活気づいた。いろいろな分類の視点があった。子どもの思考とは、このようなことだったのか、そこに、子どもらしい発想があり、きらりと光る考えがあり、それを皆で共有する仕組みが、この授業だと気づいたとき、子どもたちの考えとそれを引き出す教師の力量に、教わった。

それを、飛ぶ、しっぽ、足の数、肉食、草食、雑食などに分類しながら、最後は、アプリを使って、魚類、鳥類、哺乳類などの学術的な分類に導いた。この授業では、子どもの思考を引き出しながら、まとめる過程を経て、矛盾なく分類するには、学術的な分類に至るのだという知見に、価値があった。これは、コンピュータの思考ではできない。子どもの自由な発想に意味があり、思考力を引き出す授業に価値がある。タブレットのアプリで、白板上で動物の絵を動かす活動と同じ操作を、タブレットの画面上で、指で行うことができる。簡単に自作することもできる（赤堀侃司、タブレット教材の作り方とクラス内反転学習、ジャムハウス、2015年）。

理科のレポート

東京都世田谷区砧南小学校の理科の実験の授業を、参観した。注射器に閉じ込められた空気や水を押すという実験で、教室の中で、グループで実験を行っていた。菊池先生が指導されていたが、グループ毎に実験器具が渡されて、実験を行っていた。実験そのものは、誰でも予想されるように、自由に押し込められる空気と、押し込められない水によって、気体と液体の違いを調べようとする実験である。興味深かったことは、その理科レポートの作成である。

子どもたちは、実験の様子を動画で撮影して、タブレットのレポートに貼り付けていた。どのように水を入れて、どのように押し込むか、その方法は何かなど、動画で示した。そこに解説をつけていたことが、面白い。実験方法は、レポートの作成では重要である。理科実験では、操作手順が重要で、どのような手順で操作したのかによって、結果が異なってくることは言うまでもない。その手順は、もちろんマニュアルによって示すことができるが、それはほとんど人間の頭には残りにくいのである。認知心理学が示すように、7以上になると記憶することが、困難である。マジックナンバーと言われるように、普通の人間には、およその記憶容量が決まっている。したがってマニュアルを書いて、その手順通りに操作することになるが、例えば、ビデオ操作、スマホ操作、タブレット操作など、およそマニュアルと呼ばれる冊子は、ほとんど誰も読まない。最近では、ウェブなどに操作手順が、動画で提供されることが多い。その理由は、簡単だという理由以外に、そのほうが、脳に記憶されやすいからである。紙から動画になったのである。その動画も、もちろんアナログではなく、デジタルで、いつでもどこでもアクセスできるように、ウェブで提供されるようになった。

時間があるときは、上記のような動画サイトや動画マニュアルを見ればよいが、緊急時には、そのような時間がない。例えば、火事が起きて、消火栓で消さなければならない時、どのようにしたらいいだろうか。もちろん、冷静な状態でないので、即座に正確に操作するのは、難しいかもしれない。文字で書かれた操作手順を、頭の中で思い出して、即座に実行できるだろうか。多分難しいであろう。試みに、その手順を以下に示す。

①安全栓を上に引き抜く、②ホースをはずす、③火元に向ける、④レバーを強く握る、⑤消火する

この5回の手順では、誰も間違えないと思われるかもしれないが、読者の皆さんも試みにやってみればわかるが、意外に順序を間違えやすいのである。この実験は、茨城大学の関友作が行った。文字で箇条書きに書いた手順、カラーのイラストで示した手順、動画で示した手順で、実験した結果、動画が最も正確に手順を再現し、次がイラスト、最後が文字だけの手順であった。読者の皆さんに、答えていただきたいが、最初にする手順は何であったか、思い出せますか。これが、実際の場面になると、とまどうことは理解されるであろう。5回の手順を正解された読者も、不正解だった読者も、たぶん手順をイメージしたのではないだろうか。消火器のある場所に行って、消火器を手に取って、さて次にどうしたか、頭の中でイメージした操作を思い出すであろう。つまり文字だけで処理は行っていないので、イメージしやすい動画のほうが、記憶の再生がしやすいという結果になる。

したがって、菊池先生が行った理科レポート作成で、動画で実験手順を示したことは、意味がある。研究者が科学や技術の実験で、重要なシーンは、動画で録画することは、普通である。デジタルが普及することで、レポートの書き方も変わっていくことは、必然かもしれない。当然ながら、注意すべきことはある。レポートそのものは、子どもたちの手元に残るように、紙のレポートも印刷するか、書くことなどで、持ち帰らせたい。

ＩＣＴを使う

ＩＣＴとは、情報通信技術（Information Communication Technology）の略であるが、そのＩＣＴの進歩は、予測をはるかに超え、次々と新しいデバイスが登場してくる。一般に、若い人はこれらの道具に対して違和感がないようだ。年配者は、どうしても古いものに愛着がある。自分自身を振り返って、そう思うが、将来を生きる子どもたちには、ＩＣＴを使いこなす能力は、やはり必須のようだ。今の子どもたちは、理由もわからず、ただ使っているので、操作には慣れているが、知識がないのだといういう声もある。学校では、使い方を教えるべきなのか、背景となる知識を教えるべきなのか、で意見が分かれよう。たぶん両方が必要で、日常生活においては使えればよいが、知識として理解しておきたいこともある。

かなり昔、Ｂａｓｉｃが普及して、ワープロや表計算ソフトが学校にも導入され始めた頃、私も教員研修の講師をしたことがある。当時の教員研修では、Ｂａｓｉｃのプログラミング研修もやったので、当時は先生方が教材ソフトなどを自作していた。

ある時、パソコンでワープロを立ち上げて、自分の名前から入力することになった。「はい、ワープロソフトを立ち上げて」と言うと、参加者全員が椅子から立ち上がった時は、驚いた。立ち上がるというイメージは、文字通り体が椅子から立って上がるので、これは自然な動作なのである。それで、講師は説明を付け加える。「皆さんは、パソコンに電源を入れると、始めに、基本ソフトが立ち上がりますね。立ち上がるのは、実行可能という意味で、パソコンの中では、プログラムがメモリーに読み込まれて、いつでも動き出せる状態になるのです。人も立ち上がると、話をするようなものです。その基本ソフトの上に、ワープロが立ち上がる、つまりワープロソフトが実行可能になります」というような説明をするが、理解されたかどうか難しい。

「では、始めに自分の名前を入力して」と言って、しばらくしたら、年配の先生がじっと考え込んでいるのが目についた。「どうしたのですか」と聞くと、「どうしてもわからない。田中太郎という名前を入力したのですが、それを田中　太郎にしたいのですが、その方法がわからない」と言う。「それは簡単です。田中につづいて、空白を入力すればいいのです」と言っても、難しそうな顔をして、考え込んでいる。空白がわからないのかと思い、「ここです」と言って示しても、考え込んでいる。もう説明しようがなかったので、文字通り、わからないことがわからないので、去ろうと思ったが、「空白という文字を入力すればいいのです」と言った途端、「そうか、それでわかった」と叫んだ。聞いてみると、空白は文字ではないと思っていたので、田中の中と太郎の太の間を空けようと考えていたということであった。なんとか隙間を作る方法を考えていたのである。このように操作には、背景となる知識も必要である。

Ｂａｓｉｃのプログラミング研修では、文字入力から実施するが、これも、初心者はキーを押す時間の感覚がわからなくて、長く押すので、同じ文字が連続して表示されることも多かった。ジョークで、「これは、用語がまずいのです。入力は、力が入ると書くので、どうしても強くそして長くキーを押すので、連続文字になってしまうのです」と話したが、半分は本音だった。コンピュータ用語は、外来語の翻訳から来ているので、意味の違いがある。私たちは、日常生活からイメージした意味で解釈するので、コンピュータの世界との間にギャップが生じるのである。

その後、グラフィックなインターフェースが開発されて、あまり苦労することもなくなったが、技術は日進月歩であるので、これからの子どもには、基本になる知識を習得して、その上で自由に使えるようになってもらいたい。

リテラシーとは、日常生活を送る上で必須の能力のことで、かつては、読み書き算とか読み書きソロバンと言われたが、今日では、読み書きパソコンとか、読み書きICTと言ってもいいだろう。それほど、ICTは日常生活に入り込んできた。特に東日本大震災で経験したことは、安全安心におけるインターネットの役割の重要性である。このような時、ICTリテラシーは、必須である。そして、未来の子どもたちは、誰でもＩＣＴを使いこなす能力が求められている。学校でも、貴重な書類が流されてしまった、デジタル化しておけば良かったという声も多かった。流されてしまったら、戻すことはできない。デジタルにして、どこかのデータセンターに保管されていれば、安心である。そのような時代になった。

まとめ

この章では、以下のような内容を述べた。

①将来の仕事は、現在の仕事から劇的に変化する。

②手順やマニュアルでできる仕事は、コンピュータが他の技術と結びついて、自動化されて、人間の仕事から離れていく。

③人間に求められる仕事は、思考力・判断力・表現力などの高次の認知能力を生かす

仕事である。
④そのために、学校教育で、そのような能力育成が求められており、子どもの思考力の育成や、レポートの書き方など、デジタル化によって、より深化する方向に向かう。
⑤日常生活における安全・安心のためにも、ICTを使いこなすICTリテラシーが、重要になってくる。

2

教育モデルが変わる

子どもたちを取り巻く環境は、急速な変化をしている。
特にデジタル技術の進歩は急速である。
それによって、何が変わるのだろうか、どう向き合っていけばいいのか。

日本の教育の優秀さ

日本の教育の優秀さは、いくつかの研究で実証されている。端的には、授業研究の広がりである。英語では、lesson studyと訳されるが、この語源は、日本の授業研究にある。日本では、どの地域でも校内研修が盛んで、教員が授業を公開して、その授業を参観する。その後で、全員で、どこが良かった、どこを改善すべきだという意見交換である研究協議が行われる。この研究協議の中で、きめ細かい技法や教員の活動が指摘され、授業改善に結びつけるのである。この研究協議もよく考えられていて、学校によっては、小さな紙が配布されていて、そこに気付いた内容を書き、それを張り出して、議論する。この方式は、確かに議論をしやすい。小さな張り紙をまとめて印刷して、全教員に配布することもある。誰が書いたかわかるし、書いた教員が話すので、話しやすい。この話がきっかけで、議論が発展する仕組みも、優れている。この研究協議という仕組みは、日本のオリジナルなのであろう。海外の授業参観をして、その後に研究協議をする光景を見たことはなかった。

ところが最近では、海外でも見かけるようになった。シンガポールで、lesson studyを知っているかと聞くと、よく知っているし、実践しているという。インドネシアのジョグジャカルタで教員研修に行ったら、lesson studyは、よく知られていた。日本からの教育研究者が、ジョグジャカルタで実践していたようで、普及もしている。このように、日本発の授業研究が世界的に広がり始めていることは、素晴らしい。確かに、授業研究は、日本のお家芸であり、もっと世界に広げていく必要がある。

研究協議の価値

授業研究の価値は、その研究協議にある。校長、教頭、教諭まで一緒になって、どうしたらいいかを議論する。そこには、地位も年齢も関係ない。授業の目標に照らして、どの発言が良かったのか、改善すべきかが、話し合われる。つまり、協同学習をしているのである。この協同学習という概念自身が、欧米では最近の考えであり、発想が異なっている。例えば、アメリカのビジネススクールでは、経営者の考えが重視され、それが部下にいかに伝達されるかが、求められているようだ。外資系の企業では、企業を渡り歩くビジネスマンが普通であり、日本のような終身雇用はほとんど見受けられない。日本が、集団経営的、共同作業的、協同学習的に運営することに対して、欧米は、個人的、階層的、システム的に運営するからであろう。外資系企業では、トップの考えで突然に解雇されたり、雇用されたり、競争が激しい。日本は、運命共同体のような考えがあり、誰もが、経営者的な感覚を持っている。

その協同という考えは、学校組織にもあり、授業研究にも反映されている。授業のノウハウは、全員に公表され、教員全員が授業改善のために、共有されるのである。これは、優れた教員文化と言える。欧米では、学校経営も企業経営も個人がベースである。個人の能力を高めることで、組織が成り立つ。学校でも、校長の権限は強く、人事や予算やカリキュラムなども、校長によって異なり、かつ業績も違ってくるので、企業と似ている。日本では学習指導要領という国が決めたカリキュラムがあるが、欧米では、原則はそうではない。イギリスもナショナルカリキュラムがあり、米国も州共通のカリキュラムが制定されてきたが、それは近年のことであり、基本は、学校の独自性を尊重する。それが、学校を基盤とした教育課程（school based curriculum）であり、それは個々の学校、つまり人で言えば、個人を尊重するという考え方に通じている。

したがって、日本のような集団で討議して、協同的に授業改善を行う方法は、斬新であり、しかも効果が高いので、急速に注目されてきたと言える。

TIMSSビデオ研究

ＴＩＭＳＳは、国際数学・理科教育調査のことで、小・中学生を対象とした算数・数学と理科の国際比較教育調査であるが、その結果に基づいて、いくつかの国の授業を実際にビデオ録画して、授業の質的な分析を行った。日本では主に国立政策研究所が実施した（例えば、国立教育政策研究所教育課程研究センター基礎研究部、TIMSS1999 理科授業ビデオ研究）。数学と理科についての比較であるが、その数学と理科の調査比較の結果を関連学会で聞いた。

その結果によると、日本の授業の特徴は、①説明・板書・質疑応答・グループ活動・討論などの多様な授業方法が、反映されている、②教師の発問などによって、子どもの思考力を引き出そうとする、③板書なども構造化されて、記憶に残りやすくするなど、きめ細かい配慮がある、ただし、④できる子どもには、さらに発展課題を与える、できない子どもには、対応した課題を与えるなどの、個に応じた指導法が見られず、クラス全員の平均値を達成目標とする、⑤ＩＣＴなどのデジタル教材は、ほとんど使わない、などであった。

要するに、日本らしい授業方法なのである。先に述べた研究協議という集団思考、クラス全員の子どもを伸ばそうとする教育方法、まるで懐石料理のようなきめ細かい指導技術、子どもを大切にする愛情、子どもの指導に道具を持ち込みたくない心情など、日本人の美徳のような授業と言えよう。日本の教師の原型は、寺子屋のお師匠さんだった。それは、日本文化の伝達者としての聖職者であった。教師のきめ細かさや、やさしさは、遠い過去の小学校で教わった先生を思い出させる。誰も、ふっとした安らぎを覚えるであろう。

ある小学校で、国語の授業参観をした。クラス担任の先生がある事情で授業ができず、教頭先生が代行することになった。ベテランの教頭先生は、まるで手品のように、課題を投げて、考えさせ、議論させた。しかし、子どもは時によって、調子に乗って、議論が脇にそれて騒々しくなる場合がある。活発な授業と、騒々しい授業は、紙一重である。その時、その女性の教頭先生は、子どもに話しかける声を、だんだん小さくしていった。子どもたちは、聞き耳を立てて、クラスがシーンとなって、教頭先生に注目しはじめた。見事な指導技術であった。

このような日本の伝統的な指導法が、研究協議によって、ベテランから新人に伝達される仕組みが、授業研究にあった。それが教師の指導力を高めていった。

いくつかの課題

しかし、先に述べたように、いくつかの課題があった。すべての子どもたちをある水準に導くという集団を対象にした指導は、個には対応できない。ＩＣＴなどの道具を持ち込むことは、指導技術の伝達という伝統的な授業研究には、心理的な抵抗感があった。15歳を対象にした、ＯＥＣＤ生徒の学習到達度調査であるＰＩＳＡの調査によれば、日本の教員のＩＣＴを利用する割合や、生徒のＩＣＴ利用率も、参加国中最下位であるという（PISA2012、http://pisa2012.acer.edu.au/downloads.php）。ＴＩＭＳＳでもＰＩＳＡでも、日本の子どもたちの成績は、参加国の中で上位にある。ＴＩＭＳＳ調査で、理科数学とも成績は上位にありながら、数学や理科は嫌いという調査結果や、ＰＩＳＡ調査で上位にありながら、ＩＣＴ利用を避けていることは、どこか日本の指導法に関連しているようだ。先に述べたように、きめ細かい指導、愛情豊かな教育、クラス全員を引きあげる努力は、まさに献身的であり、二十四の瞳の大石先生を彷彿とさせる。

しかし、子どもたちは、どこか我慢していないか、伸び伸びと自由に表現しているだろうか。先に述べた国語の教頭先生の授業で、小学生は、小さい声に引きずられて、クラスがシーンとなった技法は、中学校や高等学校で通用するだろうか。小学校から中学校へは、自我が目覚める時期である。自分を見つめる時期である。自分はどこが苦手で、どこが得意か、そして自分の能力にも限界を感じたり、挫折を体験したりする時期でもある。先生の名人芸のような技法に引っ張ってもらった自分に、気がつく。自分で勉強しなければ、高等学校に進学できない、定期テストで上位にいけない、自分で努力しなければ、部活動で活躍できない、誰も認めてくれないことに、気づき始める。クラス全員が、ある水準に達することは素晴らしい理念であるが、現実は違う。競争もあれば、足の引っ張り合いもある。小学校の運動会で、誰もが1等で、順位をつけないなどという世界は、中学校や高等学校ではないことに、気づきはじめる。

自分の本心をカムフラージュしながら、皆仲良く、競争もないという世界から、中学校に入って、部活動があり、家庭のような暖かさで包んでくれるようなクラス担任ではなく、教科毎に教師が変わる教科担任では、どこか専門家に感じるような冷たさを、子どもたちは感じ始める。これが現実だという世界に飛び込むのである。そこにギャップがあるとすれば、中1ギャップと呼ばれるであろう。

小学校時代に学習した、皆がわかる授業で、皆で仲良く、誰かが抜きんでるようなことではなく、皆が同じという平等社会では、中学校のような世の中に少し近づいた世界に戸惑いを覚えるのは、自然なことである。そして、これまでの考えでは、皆が同じじゃないか、何故、お前だけ前に出ようとするのかという意識が働くのも、無理はない。それが、いじめにつながるのではないだろうか。いじめが高じれば、学校に行きたくなくなり、不登校につながる。クラス全員が同じという平等主義が、同じでないもの、走りが遅い子ども、クラスの会話についていけない子ども、雰囲気が読めない子ども、逆に、正義ぶった発言をする子ども、歌唱力が抜群にうまくて抜きんでた子どもなど、クラスの平均値からはずれた子どもが、同じ仲間ではないという意識が働いたとしても、無理はないであろう。それが、いじめにつながる1つの原因とすれば、皆が平等という世界から、むしろ一人一人が異なるという個の世界へと切り替える必要がありはしないか。

個の世界

個の世界とは、一人一人が、顔・形・性格・生活履歴などがすべて異なるように、違うことが前提である。だから、すべての子どもが同じように理解し、同じように考え、同じように反応することはないという前提に立つ。違った意見が出ることが当たり前であり、学習進度が異なるのも、当然である。一斉授業で、皆が同じように授業を受ける光景は見慣れているが、一人一人の頭の中では、別々の受け取り方をしている。

ある中学校に授業参観に行った。参観者は2人だったので、中学生はいつもと同じに授業を受けていたようだ。隣と話し合いながら、数学のグラフの勉強をしていた。その話が、後ろにいた私の耳に聞こえてきた。「グラフって、なんでこう面倒なのだろうか。お前、分かるか。だいたい、傾きと言っても、それがどうして、1次方程式の数字になるのだ。さっぱりわからないよ。でも、黒板に書いたとおりに、写しておくか」と話し、隣の生徒は、「傾きは、どうもわかりにくいな。どうしてかよくわからないから、授業が終わって、先生に聞いてみようよ」と話した。確かに授業が終了したら、黒板の前に出かけて質問していたので、意欲のある生徒だったたであろう。生徒の会話を後ろで聞いたことはあまりなかったので、そうだったのかと納得した、普段は参観者が多いので、個人的な会話を外部からの見学者には聞かせないが、この時は、中学生も私がいることに、気がついていなかったようだ。このように、授業を受けている生徒の受け止め方は、多様である。よくわかって、退屈している生徒もいれば、わからなくて、ついていけない生徒もいる。すべての生徒が、すべて同じように理解させることは、どう考えても無理なのである。

私自身も同じような経験をした。夏合宿は、私にとっても学生にとっても、重要な活動だった。2泊3日の合宿は、朝6時半からのラジオ体操から始まるが、勉強合宿なので、朝8時から夕方6時までのゼミであった。大学院生は議論に夢中になって、口角泡を飛ばして議論に参加できるが、学部学生は、議論に参加することが難しい。居眠りが見つかると、1回につき100円の罰金になっているので、寝るわけにはいかない。学部学生対象の夏合宿は、およそ24名程度の3年生と4年生が対象であった。学部なのに、よく頑張っているなと思って、毎年楽しみにしていた。学生が卒業後、OB会で、「先生、夏合宿は楽しかった。あの合宿のおかげで、私の背をぽんと押されたような感じで、その後の生き方が変わりました。ありがとうございました」という学生と、「先生、合宿の時のゼミは正直きつかった。本当は、ゼミで聞いているふりをして、頭の中では別のことを考えていました。内容が理解できない学生にとって、朝8時から夕方6時までというのは、拷問のようなものだった」という学生もいた。また、「ゼミで発表するのは、楽しみだった。他の学生がどう反応するのか、先生がどうコメントするのか、何か世界が広がる感じで、わくわくした」という学生もいれば、「自分の発表の時がやってくるのが心配で、順番が近づいてくると、胸がドキドキして嫌だった」という学生もいる。教師は、一般的に話すのが得意な人が多いので、発表が苦手な学生の気持ちは、なかなか理解できない。このように、ゼミも授業も受ける側によって、多様なのである。

ドリルアプリを使う

子どもの個に応じるには、どうしたらいいだろうか。家庭教師なら可能だが、クラス全員に、すべて家庭教師をつけるわけにはいかない。コンピュータで対応するのは、すぐに思いつく方法である。その最も簡単なアプリは、ドリルであろう。

ドリルとは、練習のことであるから、何度も子どもたちは練習して身につける学習なので、なんだドリルかと、教師からは注目されないことが多い。しかし、塾や自宅で勉強するのは、圧倒的にドリルが多い。ドリル帳は、本屋さんの学習コーナーに行けば、山積みされているほどであるから、需要は多いに違いない。母親は、自宅で子どもがドリルで学習していると、ほっとして、おやつの1つでもあげたくなるのではないだろうか。ドリルは、子どもが自習したり宿題をしたりする時に、最も適した学習法かもしれない。

タブレット端末を用いた算数のドリル学習を参観したことがある。算数のドリルでは答え合わせが問題になる。教師が、教室にいる35人の子供すべての答えをチェックするのは、教師が採点マシーンになるようなもので難しいので、隣同士で答え合わせをするなどの方法も用いられているようだ。

最近の学習アプリはよく作られていて、自動採点してくれる。それは当り前ではないかと言われるかもしれないが、そうではない。子どもはこのタブレット端末に答えをタッチペンで手書き入力する。人が書く手書きには癖があるので、すべてを間違いないように認識するのは、それほど容易ではないが、今日の文字認識技術で可能になった。数字のテンキー入力よりも手書き入力のほうが、学習したという実感性が高いことは、経験的に納得できるであろう。採点ボタンを押すと、直ちに採点してくれるが、この方法で子どもたちは、20分間で多くの問題を解いていった。つまり、ドリルアプリは、個に対応できるデジタル教材であった。

ドリルで何を学ぶか

ドリルアプリを使って、学習する時の問題は、子どもが間違えた時の指導の仕方である。かつての学習アプリは、この指導方法に注目して工夫をした。しかし、どのように指導するかは難しい課題で、やはり人間の教師にはかなうはずがないと、言われた。その通りで、かなうはずがないので、優れた映像やシミュレーションなどのデジタル技術を組み込んで、個別の学習に答えようとした。現実は、どうであったか。現状では、ドリルアプリが市場に出ており、シミュレーションなどのアプリは、あまり普及していないようだ。これは何故だろうか。

チィという認知心理学者の論文が面白い（Michelene T.H. Chi, Self-explanations, Cognitive Science, Volume 13, 1989, pp.145?182）。この論文では、物理の問題を解く学生がどのように思考しているかを詳細に記録して、分析した。以前に、このようなプロトコル分析と呼ばれる研究法が、流行した。人は頭の中でどのように思考しているのかを知りたいと、誰でも思う。最も素朴な方法が、このプロトコル分析法である。この論文では、物理の法則について説明書を読んだり、教師から教えてもらったりしても、なかなか納得していない、そして応用問題に出会うと、その法則が使えないなど、興味深い知見を述べている。この結果は、他の研究でもよく指摘されているので、ここでは省略する。面白いと表現したのは、そのような知見ではなく、理屈や理論がわからなくても、何度も練習問題を解くことで、納得できる、本質を理解できることを、指摘したことである。

これまで、私たちが考えてきたのは、子どもたちが、自分の頭で考え、疑問を持って考えをぶつけあい、共有し合って、そうだそのとおりだと納得して理解できるので、他の問題に応用できるということであった。理解しないで問題に出会っても、それは答えを見るだけの機械的な学習になって、子どもが納得するには至らない、それは塾で練習問題や入試問題を解く学習方法と変わらない、パターンを覚えるだけだと考えていたと言ってもよいであろう。だから、チィの研究は意表を突くような論文であった。しかし、この論文の指摘は面白い。

考えてみると、私たちも、意味もわからず学習や仕事をしている場合がある。後になって、その意味に気付くことも、経験している。例えば、コンピュータのプログラミングである。始めは、いくつかの変数などの定義を読むが、読んでもその時はそうだろうと思っても、後で思い出さない、というよりも、何故このような定義をするのかを納得していないので、定義の意味はわかっても、つまり言葉上ではわかっても、本当には理解していないという経験をしている。実際の練習問題に出会って、わからないが、ともかくプログラムを書いている内に、そうかとうなずく経験を誰でもしている。それは、問題に出会って、解くという行為を通して見えてくる、あるいはプログラムを書くという動作に伴って、その過程が、自分に教えてくれるというイメージと言ってもよい。つまり人は、納得して、わかって、問題を解くのではなく、納得していないが、よくわからないなと思いながらも、問題という本質を含んでいる相手に出会って、それに関わることで、問題のほうから本質を自分に投げかけてくれるような過程ではないかと、言える。

この意味で言えば、先のドリルアプリで学習している子どもは、機械的ではなく、頭の中ではめまぐるしく、どうしてだろうとドリルアプリと対話しているのではないだろうか。その対話を効率的に進めている役割が、デジタル技術であったと言えよう。

ネットワークと学習コンテンツ

コンピュータによるドリルアプリは、個に対応することができると述べた。しかし、さらに大きな変化が、教育にもたらされた。ネットワークの普及である。ネットワークは、多くのコンピュータをつなげたものである。しかし、コンピュータはパソコンと呼ばれるように、パーソナルな、つまり個人の道具なので、個人個人の情報、知識、考え、思想など、あらゆる知的情報が蓄積されているので、それは知的財産といってよい。特許に相当するような知的情報もあれば、学術的に高い評価を得るような知的情報もあれば、人を陥れるような有害な情報もある。いかに有効に活用するかで、天と地のような違いをもたらす。

ネットワークを使って、人々はそれぞれの持っている情報、知識、考えを交流し始めた。文字通り、いつでも、どこでも、だれでも、情報交流する社会になった。ＳＮＳ（ソーシャル・ネットワーキング・サービスの略で、ＬＩＮＥなどを使って、個人がコミュニケーションするために使われる）を使って、議論し始めた。中学生や高校生を、授業の中で、いかに質疑応答させ議論させるかは、至難のことであった。それが、いつの間にか、自分たちで勝手に情報交換し始めた。確かに、これらの情報内容は、学校教育とは距離のある井戸端会議のような内容であるが、中には貴重な情報もある。このネットワークの仕組みを利用して、学習できる環境を作れないかと考えるのは、自然である。

私が、夜遅く都心の電車に乗ったら、多くの乗降客がいたが、皆疲れた表情で吊革にぶら下がっていて無表情で外を見ているか、スマホを見ているかであるが、横にいた高校生に目が留まった。何気なく画面を見たら、教材が表示されて、高校生が勉強していた。ゲームに夢中になるような顔の表情だったのでわからなかったが、ゲームではなく学習教材であった。「いつでも、どこでも、だれでも」というキャッチフレーズはよく知っているが、その現実を見たような気がした。もちろん、勉強熱心な高校生だったと思うが、座席に座ってノートを広げる光景は見ることはあるが、立ったままでケータイの画面に向かって勉強する姿は、あまりなかった。しかも、かなり夢中で、ゲームをしているかと思ったほどだった。

もしこのように、まるでゲームのように高校生を引き付ける学習コンテンツができれば、このような光景は普通になるだろう。勉強する時は机に向かって、という概念は常識ではなくなるだろう。ゲームと学習は違うという説に、正面から反論するつもりはないが、時々不思議に思うことがある。テレビ放送のゴールデンタイムに、小学校の教科書問題や私立中学校の受験問題や漢字の読み書き問題が提示され、タレントが真面目に答える番組が、かなりの高視聴率を維持しているのは何故だろうか。民放テレビのディレクターにとって、視聴率はなにより怖い数字であるはずなので、まるで授業のような光景の映像が、視聴者に受け入れられる、つまり夢中にさせることを、確信しているはずである。とすれば、教科書問題や入試問題を解くことが、ゲームのように夢中にさせることは、実証されているのではないか。もちろん、テレビディレクターという専門家が、これまでの経験知を活かしながら番組を作るので、学校の授業とは違うとはいえるが、本質的には、ゲームと同じように視聴者を夢中にさせることは、実証されている。

このことは、優れたコンテンツをネットワークで配信すれば、テレビ番組と同じように、受講生に受け入れられるだろうという仮説が成り立つ。先の電車の中の高校生の光景は、まさにその実証ではないだろうか。ここに、新しい教育モデルが登場したといえる。

MOOC

大規模公開オンライン学習（Massive Open Online Course）の頭文字が、ＭＯＯＣであるが、大学の講義が、いつでも、どこでも、だれでも、受講できるシステムである。定められた方法で試験を受けて合格すれば、認定証が授与される。卒業証書までは授与されないので、科目等履修生のような仕組みと考えることもできるが、無料という点では、さらに広く入口を解放した学習形態と言える。

かつて、ＮＨＫのクローズアップ現代で、「あなたもハーバード大へ―広がる無料オンライン講座―」（ＮＨＫ、2013年9月17日）が放送された。番組では、パキスタンの12歳の女子生徒が、アメリカの名門大学の講義を受講して、いくつもの認定証を授与されたと報じている。文字通り国を超えて、能力さえあれば、年齢、経済力、現在の成績などに関係なく、名門大学の認定資格を得ることができる。

これまで大学は、権威という看板で存在が許されていた。大学を卒業したということによって、就職が保障され、大学に入学を許可されたことによって、保護者は入学金や授業料を収め、卒業単位を得るために、努力をして勉強をする。それはすべて大学が権威によって保護されているからである。その権威を人々が信じなくなれば、大学は虚像になる。誰も大学に高い授業料を出して、行かなくなる。ＭＯＯＣは、その権威に対する挑戦でもある。資格を問わず、入学が許可され、授業料が無料で、授業が受けられ、努力と能力によって認定証が授与される仕組みは、大学の権威によらず、真の実力によって評価する形態だと言える。これから社会に問われるのは、大学の卒業なのか、認定証によって示される能力なのか、つまり、肩書きなのか、実力なのかという問いでもある。

この映像で興味深いのは、パキスタンの女子生徒が、難しい内容に対して、質問をMOOCのサイトに投げると、世界中からコメントや回答が寄せられるというシーンであった。ネットワークによって、世界中から知恵を集めることができた。知識の宝庫とも言える。かくして、SNSによって、ネットいじめによる誹謗中傷を引き起こすことにもなるし、やる気さえあれば、世界中に優秀な家庭教師を雇っているような宝庫にもなり得る。ネットワーク自身に善悪はなく、光でも影でもない。いかに正しく活用するかに、かかっている。

道具のもたらす意味

私は、2003年から2005年にかけて、スリランカの教育に関わったことがあった。といっても、国際協力としてのスリランカの教育支援の活動を評価してコメントする立場だったので、1回の訪問が1週間程度で、1年に数回訪問したに過ぎないが、そこでいろいろな支援方法を学んだ。私は教育へのICT支援の専門家として、スリランカへの教育支援の在り方について助言し評価することが仕事だった。

スリランカは、インドの南に位置し、かつてはセイロンと呼ばれ、セイロン紅茶で有名な農業国であった。夜遅く空港に着いて、車で空港からホテルまでの町並みは、他の開発途上国と同じように暗い。ホテルの中は、きらびやかで心地よい音楽が部屋に流れ、食事は豪華なバイキングで、ホテルの中と外の庶民の暮らしは、天と地のようなギャップがあった。その違いに戸惑いながら、教育省、教育委員会、学校を訪問して、現状の把握とこれからの支援の在り方について、検討を重ねた。

日本と最も違うのは、都会と地方との格差であった。日本の教育の素晴らしさは、都会と地方にまったく格差が存在しないことだ。むしろ、秋田県や石川県や富山県のように地方のほうが、全国学力調査では高い成績を示している。地方になればなるほど、教員採用試験の倍率がきわめて高くなる。地方にあって、人気の高い職業は、役場や郵便局や学校の先生などの安定した職種であることから考えれば、当然の結果であろう。いづれにしても、優秀な人材が地方の教員になるとすれば、全国学力調査の結果は、当然である。

しかし、スリランカに限らず、開発途上国は、都市部と地方の格差が激しく、地方の学校教員は、生活のためにアルバイトをしていることも多い。子どもたちの生活環境は、きわめて厳しい。学校も行ったり行かなかったり、労働力としての子どもに家庭も期待している。家庭訪問することが、はばかれるような家も多い。地方に行くと、セイロン茶の労働に従事して、労働時間が長く、子どもの教育には、熱心ではない。教員は、都市部にある教員養成の大学を卒業しているので、学生時代は都会での生活を経験している。地方の学校の勤務になると、その生活のあまりの違いに戸惑いを覚え、教職という仕事自身に疑問を感じるという。都会では近代的なショッピングもできるが、地方に行くと、ゾウが日常的に働いている。若い教員は、できるだけ都会の学校で働きたいという願いは、人情である。コロンボなどの都会で、有名な小中学校では、子どもを自家用車で送り迎えすることも当たり前で、登校や下校時間になると、学校付近の道路は大渋滞する。その格差に驚く。

さらに、地方の電力事情の貧困さにも、驚く。学校でも、1日に平均して6時間程度は停電する。停電したら、どう仕事を続けるのだろうと気になった。児童生徒の出欠席状況、学年暦、通知表やテストなどの基本的な統計資料なども、完備されていなかった。学校設備にも改善が必要で、最も希望が多かったのが、黒板とトイレの設備だったことにも、驚いた。世界には、こんなにも教育格差があったのかと、自分の無知が恥ずかしかった。もちろん、これは地方の実態で、都会は別天地だった。

教育省の役人や教育委員会の職員が、ＩＣＴを導入して整備したい、ついては日本の援助を期待したいという要求に、私は断固として反対した。「ＩＣＴよりも、黒板であり、トイレであり、教室である。１日に6時間も停電する地方に、決してＩＣＴは適切な道具になりえない。私は、ＩＣＴを教育に導入するための専門家として、訪問しているが、ＩＣＴ導入は意味がないので、反対である」と力説した。しかし、国や自治体の政策は、私の意図とは別のところにあった。「スリランカは、インドの南に位置し、国内でも内戦が続くような政情が安定していない国であるが、スリランカも夢を持っている。インドは、ＩＣＴで先端的な情報産業が発展しているが、スリランカはまだ紅茶に頼る農業国でしかない。だから、なるべく早く、農業国から工業国になり、さらに情報産業を立ち上げて、国の基幹産業を作りたい。教育は、その人材育成の第一歩である。地方にも、モデル校を作って実証実験をすべきで、そのための日本からの援助である」と主張し、それが決まった。

モデル校を設置して、ＪＩＣＡと関連企業から派遣された日本人のスタッフが懸命にＩＣＴ導入を実現した。導入して半年たって、私はスリランカを訪問した。その時は、コロンボ市内の会場で、地方からモデル校の先生方が、何台ものバスを連ねてやってきた。ＩＣＴ導入の結果についての発表会であった。その時、私は目を見張った。驚いたとしか言いようがなかった。先生方が、パワーポイントを使って、実に見事にＩＣＴ導入の成果と課題を、堂々と発表したのだ。これまでは、教員がいつ学校に来て、いつアルバイトに出かけたのか、どの子どもが欠席しているのか、成績はどうなっているのかなどの、基本的な統計資料もできていなかった。それが、ＩＣＴ導入によって、きれいに整備された。子どもたちの親が、最新のＩＣＴが学校に導入されたということを知って、学校に誇りを持つようになった。学校の周りを、きれいにし始めた。先生方は、パワーポイントで教材を作り始めた。資料を整備し始めた。発表する先生方の顔は、私が地方に行って、相談していた頃とまるで違っていた。未来を見つめる目であった。私は、自分が間違っていたことに、初めて気がついた。道具を持ち込むことは、単に効率化だけではなく、夢と希望をもたらすことなのだ。停電であっても、蓄電器で工夫しているという。発表会が終わって、多くのバスで地方に帰る先生方を見送った。私は満足しきった表情をした先生方に、心からのお礼を言った。

それから、学力も伸びはじめた。小中学校のモデル校にICTを導入して、その効果を測定することになった。国際数学理科学力調査であるTIMSSがあるが、スリランカはまだ加入していなかった。この問題を、英語からスリランカの言葉であるシンハラ語に、JICAから派遣されたスタッフと現地スタッフが翻訳して実施したが、実に成績は最下位に近かった。1年間、ICTを導入して授業に反映する方法を、実践的に継続研究した。その結果を、同じTIMSSで測定したら、見事に中程度にまで向上したことは、驚異的だった。私にとって、忘れがたい経験だった。

新しい道具を持ち込むことは、夢をもつことだ、希望をもつことだと知った。逆に、やっかいなものが入ってきた、逃げたいと思っている学校には、このような奇跡のようなことは起きないだろう。いかに道具を受け入れるか、その意識が、大きな影響を与えている。

教員の役割

ある小学校の授業を参観した。総合的な学習の時間で、先週出かけた野外活動について、グループで報告書を作成する活動だった。先生から言われたように、グループで役割を決めて、それぞれが作成することになった。当日の天候の様子、ビーチでの探索、貝殻や石拾いの様子、絵を描く、バーベキューの様子、感想などをまとめるなどを分担して作成する。グループのリーダーが、誰かこの役をやりたい人はいませんかと、呼びかけて担当を決める。大人の社会でも同じだが、自分の得意な活動は喜んで引き受けるが、苦手なことは敬遠したくなるのは、人情である。大人は、周囲に気を遣うので、わかった、それでは引き受けようと言って、協力するが、子ども、特に小学生の低中学年では、まだそこまでは気が回らない。自分の意思をどうしても通そうとする子どももいる。

その時も、その通りだった。家庭で甘やかせられたせいか、駄々をこねる子が数人いた。この時に、つらい役がリーダーに回ってくる。リーダーの子は、ある子に「そうだね、君は天候の様子を書くのは嫌なの、でもとりあえずやってみようよ、なんとかなるよ」と言い、別の子に「どうしてもバーベキューのことは書きたくないの、絵を描くのも嫌なの、じゃーバーベキューのことは私が書くから、とりあえず絵を描いたら」と言った。その様子は、まるで教師のようだった。

このリーダーの「とりあえず」という言葉に、感銘を受けた。その通りなのだ。どうなるか、先のことはわからない。でもとりあえずやってみて、駄目なら、もう一度やり直せるじゃないか、という気持ちが込められている。そして自分が引き受けるから、君もやってみたら、という言葉には、まるで母親のようなやさしさと、父親のような責任感が込められている。

どうして、このように責任感ある子どもが育ったのだろうか。詳細はここでは述べないが、それはリーダーという立場からきている。リーダーになった時、言われたことを素直に聞くだけではなく、自分ならどうしようという意識が働くのである。だから、教師が、絶えず子どもたちに聞かせるだけでなく、子どもたちに主体を持たせるようにする経験が必要なのだ。リーダーという役割が、この子どもに見事な行動を引き起こさせた。それは、どの子どもにも可能である。だから、教師は、困ったときに相談を受ける役割で十分である。知識を伝達し、うまく子どもを動かす場面も必要だが、この場面のように主導権を子どもたちに渡して、相談役になる授業も必要で、その組み合わせで教育する必要がある。

生徒情報倫理委員会

情報モラルをいかに身に付けさせるかは、どの学校でも頭が痛い。中学生くらいになると、情報モラルの知識は、知っている。現実は、中学生たちは、わかっていて、危険なサイトにアクセスしたり、実名で誹謗したり、店の悪口をネットに投稿したりするのだ。だから心の教育が必要だ、道徳が重要だという議論になっている。しかし本当にそうだろうか。

情報モラルの授業で思い出す指導がある。かつて鹿児島県の中学校で、辻慎一郎先生が実践した活動だ。生徒情報倫理委員会は、情報モラルを守ろうと呼びかける委員会で、いくつかのグループに分かれて、いろいろな活動をしていた。あるグループは、市内に住む100歳になるおばあさんを取材して、学校のホームページで紹介しようという企画を考えた。生徒たちは、郊外に住むおばあさんを訪問した。おばあさんは、「こんな若い人たちが来てくれて、本当に嬉しい。日ごろは、神経痛が痛いだの、腰が痛むだの、誰それが亡くなっただの、暗い話が多いのに、今日は楽しい話で、ありがとう」と言って、中学生は、戦争の話、若い頃の生活の話、結婚の話しなどを聞いてデジタルカメラで写真を撮った。若い中学生は笑い転げ、暖かい日差しが降り注いで、おばあさんは至福の時を過ごした。「こんなに楽しかったことは、久しぶりだ。持っていきなさい」と言って、紙にくるんだお金を渡した。

学校に帰って、この取材を委員会で報告した時、「待った」がかかった。顔写真を撮った時、おばあさんの許可を得たのか、という質問があった。生徒情報倫理委員会では、個人情報を掲載する時は、許可証にサインしてもらうことがルールになっている。そこで、もう一度おばあさんを訪問して、なかなか説明することが難しかったが、サインをもらって、無事にホームページに取材記事と顔写真がアップされた。

生徒たちが主体的に活動する時、情報モラルは確実に守られるという典型のような実践である。教師がいくら口を酸っぱくして注意しても、知識や態度をいくら説明しても、生徒たちはわかっているから、守らないのだ。自分たちが主体という立場が変わったとき、見事に転換するのである。教師の立場も、知識や説教をする立場から、アドバイザーの立場に変えることである。

まとめ

①日本の教育の優れている点は、授業研究にある。授業研究の多くは、授業参観をして、その後に研究協議を通じて行われる。研究協議で、授業改善の技術を学ぶ。この方法は、海外でも高く評価されている。

②国際数学理科調査であるＴＩＭＳＳの参加国で、各国の授業ビデオを比較した研究では、日本の授業は、質問・説明・グループ活動など多様で、きめ細かな指導がされていることが、分かった。

③一方、クラス全員のレベルを上げることに目標をおくので、全員が平均値に達するような指導が多いが、個々の子どもたちへの対応は難しいこと、ＩＣＴなどの道具を持ち込まない傾向が強いことなどが、分かった。

④日本の教育は、一言で言えば、きめ細やかで、集団的、平等主義的であるが、逆に、その集団の平均からはずれる子どもたちは、いじめなどの対象になることもある。

個に対応する教育を、導入する必要があろう。

⑤個に対応する学習方法として、ドリルアプリがある。ドリルは単に効率的なだけではなく、子どもたちは、自分で考えながら習得しているので、ドリルの学習効果を見直す必要があろう。

⑥ゲームは、日本では、世の中の批判を受けているが、ゲームのように学習に夢中になれば、これからの学習として期待される。テレビ番組などでは、実証されている。この意味で学習コンテンツの開発が期待される。

⑦大学の授業が、だれでも無料で受講でき、認定証も受領できるMOOCが、注目されている。ネットワークによって、質問にも世界中から答えてくれる。学習コンテンツとネットワークによって、新しい教育モデルが登場した。

⑧ICTという道具は、それを受け取る人の意識によって、光にも影にもなる。未来の道具として、受け入れていきたい。

⑨これからの教師モデルは、子どもたちにうまく伝える立場から、子どもたち自身に

主体的に考えさせることを支援するアドバイザーの役割になる。

3 教育システムが変わる

学習指導要領が大きく変わろうとしている。
何を学習したのかだけでなく、何ができるようになったのか、
どのように教えるのかという課題に、どう応えればいいのか。

教育の質保証

大学の質保証が言われるようになって久しい。２００５年に中央教育審議会が、大学の３つのポリシーを答申し、２００８年に学士力を提言し、２０１２年に能動的な学修を盛り込んだ大学の質的転換を答申した。これらの答申が、高大接続に反映されて、大学入試改革など大きな教育改革が実施され始めた。

この小論では、上記の内容については簡単に述べて、デジタルとの関連を考察する。先の３つのポリシーとは、アドミッションポリシー、カリキュラムポリシー、デプロマーポリシーであるが、入学資格方針、教育課程方針、卒業資格方針と訳していいだろう。これまで、入学資格は、大学入学試験によって決めていた。教育課程は、例えば教員養成課程では、文科省で決められた科目の内容にしたがって各大学が独自に作成した。評価の仕方や単位の認証の仕方も、基本は文科省が決めている。卒業資格は、最低１２４単位の取得によって、他の要件を付加して各大学が決めている。このように、3つの方針は、文科省の要請にしたがって、各大学の方針を加味して決めているが、簡単に言えば、文科省からの要請が、かなり厳しくなった。

これには、いろいろな背景がある。かつて大学は、大学の自治の元で、かなり自由であった。その結果、一度も出席していなくても単位を認めたり、124単位さえ取得すれば卒業させたり、大学の方針や教員の意思によって、かなり幅が大きかった。もちろん、理工系、文科系、社会科学系などによって、その学修の厳しさは大きな幅がある。一般に理工系や医薬学系などは、厳しい要件が課せられる。そこで、そもそも卒業するとは何か、単位数だけでいいのか、社会に出て何ができるのかを保証すべきではないのか、という議論が出てきて、学部を卒業するための能力を規定したものとして、学士力が定義された。そして大学の質保証とは、大学を卒業したら、このような知識・技能・能力を身に付けていますという、保証をすべきだという考えである。文科省は、最低基準を示しているので、各大学で質保証するための内容や方法を考えよ、という提言といえる。名ばかりの大学卒業では、社会で役立たないので、実質的に何ができるのか、その知識・技能・能力を身に付けて社会に送り出しなさい、と言ってもよいだろう。

例えば、教員養成学部では、教師としての教科の知識、子どもたちを指導する指導力、教師としての意識や態度、子どもの模範となる言動、子どもの安全・安心を守る技術、保護者とのコミュニケーション、子どもからの相談を受ける技術や能力など、多くの能力を身に付けさせて、送り出さなければならない。小学生を対象にした場合、上記の能力は、教室の机で講義だけ受けても身につかないことは明らかで、教育現場に立たないと難しいことは、実感できる。そこで単位として認められる教育実習の充実や、教育現場とタイアップした自主的な教育実習などの工夫が、各大学に求められる。教育実習に行くと、学生たちは教室以外の暗黙知を学ぶ。

若い学生が小学校などに実習で来ると、子どもたちが飛び上がって喜ぶ。身にまとわれながら、教師生活は楽しいと感じ、子どもたちと過ごす実習期間がこの上なく幸せに思う。しかし放課後、担当教員と打ち合わせをすると、子どもたちへの言動の1

つ1つに注意がされる。しかし、よくは理解できない指摘が多い。2週間位経つと、子どもにも物珍しさが引いて、学生の指導力を冷静に見つめ始める。そういえば、子どもたちが少し冷たいなとか、あの子は何故そっぽを向いたのかとか、小さなことが気になり始める。最終日になって、研究授業を終わり、この仕事を極めたいと思う学生と、自分は似合っていないのではないかと思う学生に分かれる。

このように、卒業要件は124単位の数だけでなく、自分の生き方に関わることなのである。そのことに向き合って、自分を見直すことなのだ。自立していくための一歩なのである。

アクティブ・ラーニング

先に述べたように、どの科目の単位を取ったのかではなく、どのような知識・技能・能力が身についたのかを保証すること、つまり資質・能力の育成が、大学に課された。

それは、小中高等学校にも、そのまま引き継がれた。それが、高大接続であり、そのためには大学入学試験を変えるという改革になったが、ここでは省略する。

資質能力の育成は、何ができるようになったのかを保証することであるが、どのように実現するかという教育方法が、大学も小中高等学校にも求められるようになった。大学教員には、ＦＤ（ファカルティ・ディベロップメントの略で、大学教員の授業方法の改善といえば、わかりやすい）が義務化された。大学にも小中高等学校にも、アクティブ・ラーニングが求められることになった。アクティブとは「能動的」という意味であり、元々は大学のＦＤから出発して、授業の活性化や学生が主体になる方法が開発されて、それが小中高等学校にも求められるようになった。

カリキュラムは、教育課程のことであり、どの学年でどの時期にどんな内容を学ぶかという教育内容を規定したものであり、具体的には学習指導要領として、各学校に課されることになった。学習指導要領は、Course of Study と訳されるように、学習内容のコース、先に述べたような教育内容を規定した進路のことで、「誰が、いつ、どの内容を」という意味である。学習指導要領には法的な拘束力があるので、小中高等学校の教員は、順守しなければならない。

例えば、小学校の学年配当漢字を思い出せば、わかりやすい。大・中・小などは1年生で、春・夏・秋・冬は2年生で学習すると決められている。整数の足し算・引き算は1年生で、九九は2年生で、小数は3年生でというように、「誰が、いつ、何を」が決められている。これは、児童生徒の発達段階に応じて、内容を決めるという原則に従っているからである。小学校の教員は、板書する時にも、いろいろ気を遣う。2年生では、「休み時間」と板書してもよいが、1年生では、「休みじかん」と板書しなければならない。

これまでは、どのように教えるかは、教師の自由裁量であった。どんな方法で教えるかは、教師の工夫次第で、そこが教師の腕の振るいどころであったが、文科省の教育課程には、教育方法の種類は記載されても、具体的な方法までは記されていない。それが、教育方法としてのアクティブ・ラーニングが明記されることになったので、教育関係者で大きな話題になっている。
では、具体的にどうすればいいのだろうか。

アクティブな活動とは

世の中では、グループ活動はアクティブ・ラーニングで、講義はパッシブ（受け身的）学習だと言われることがあるが、誰が考えても、そんなことはあり得ない。どんな授業方法にも、長所と短所があることは、誰もが知っている。そして、どんな授業形態にも、主体的に関わる学習と、受け身的な学習があることも知っている。学習指導要領の影響は極めて大きく、何か授業方法をアクティブとパッシブに分類しているように、誤解している傾向がある。そうではないことは、当然のことである。

海外の大学授業の経験をさせるプロジェクトがあって、私と助手が、学部1年生10名を引率して、ニュージーランドの大学を訪問した。1週間程度であったが、いくつかの授業を受ける経験をさせた。そこには、いろいろな授業形態があった。最も多い形態は、日本と同じ講義形式だが、90分授業と45分授業があった。何故45分授業があるのかと聞いたら、理論的な内容を90分も講義して、学生の緊張感を持続することはできない、という答えが返ってきた。その通りである。日本でもニュージーランドでも事情は同じで、現実には90分では緊張の糸がどこかで切れてしまう。だからFDでは、いろいろな工夫をしている。どこかで、グループ活動を入れるか、隣同士で相談させるか、小さな紙に質問を書かせるか、作品を作らせるか、などで多くの実践が報告されている。私は、科学研究費でFDの研究を行っていたので、その実証実験も行い、多くの事例のデータベースを開発した。

例えば、講義の途中で、1分間椅子から立ち上がらせ、体操をさせるだけで効果がある。簡単な体操でいいが、隣同士の肩たたきも、教室の雰囲気が変わってくる。学生たちの目つきがしっかりしてくる。そして、目が笑ってくる。それは、講義を受け入れるサインといってもよい。だから、学生の意欲とかやる気の無さではなく、生理的な限界なので、それを工夫しなければならない。

これが、名人のような教員になると、90分をまったく飽きさせないで、聞かせ、ノートさせ、頭の中は、文字通りアクティブになっている。ちょうど、落語の名人が語っているような光景で、その世界に入り込むのである、しかし、それは名人芸である。誰も真似ができないので、名人芸と呼ばれる。学習指導要領のアクティブ・ラーニングは、どの教員にも、名人芸を求めてはいないだろう。

逆に、ニュージーランドの大学で、学生が主体になって発表する授業があった。引率した学生も、日本事情のプレゼンテーションをさせた。ニュージーランドの学生たちも、発表した、そして、意見交換をしたが、英語が十分でない日本の学生と深い内容まで議論できるわけはない。周囲を見渡すと、ニュージーランドの学生は、つまらなさそうに目の前にあるパソコンを触っていた。社交辞令として、素晴らしいと褒めても、それがアクティブな学習にはなっていない。グループ学習だから、学生の発表だから、質疑応答を取り入れたから、という形式には意味がない。内容がいかに深くて、学生の興味を引き付けるかが、当然ながら重要である。深い話には、飽きがこない。そうだ、その通りだと、相づちを打ちたくなると同時に、何故だろうと自然に疑問が起きてくる。それが、アクティブという意味である。だから、形式ではなく、どの授業形態にもアクティブとパッシブがある。

小学生を引き付ける

ある教育学会の大会に参加した。ポスターセッションといって、発表者は壇上で発表するのではなく、ポスターを壁に張って、そのポスターの周りに集まった人たちに説明するのである。その人たちは、面白そうだなとか、ちょっと聞いてみたいなとか、ポスターを見て集まるのである。大道芸人というと、例えはよくないが、イメージとして合っている。ポスターの発表者は、集まってくれる人が多いほど、自分の研究に興味を持ってくれたので嬉しいし、その時の質疑応答が楽しい。集まる人の心境は、自分の関心があるポスターだけ聞けるので、有難いと感じている。口頭発表では、例えば20分間、興味がない発表でも、じっと耐えて聞かなければならない。きわめて苦痛である。逃げ出したくなるので、実際に部屋を出て、別の発表を聞きにいくのが通例であるが、その意味では、よく子どもたちや学生は、じっと聞いているな、と思うことがある。

さて、千葉市の鬼沢敦子先生のポスターは、タブレットの活用だった。「小学校の低学年を指導するのは、かなり大変です。少しでも興味がないと、すぐに話しだすか、騒ぐか、ひどい時には、教室を出ていってしまいます」と言われ、それは学会での大人の行動とまったく同じだと思った。研究者は、その意味では子どものような特性を持っているかもしれない。興味あることは夢中になって時間を忘れるが、興味がないか、自分と関係のないことは、すぐに逃げ出したくなるから、子どものような、こらえ性のない人間で、その存在を世間が認めているだけで、本当に有難いであろう。

「だから、いろいろな工夫が必要なのです。私は、マイブックを作りました。と言っても、タブレットの中です。タブレットに、それぞれの子どものノートを作り、子どもの作品や撮った写真などを、保存しています。大人で言えば、自分のパソコンのようなもので、マイブックは、子どもたちのフォルダーですが、それでも興味のない子どもがいます。それは紙のノートや教科書でも同じです。開かせること自身が、大変なのです。そこで、私は、子どもたちそれぞれの顔写真を撮って、それぞれのマイブックの表紙に貼りました。すると、自分の顔写真があるので、喜んで開くのです」

と話した。そこに、工夫がある。

また、詩を書かせる工夫もした。自宅の庭に、ミニトマトができた。その小さなトマトが赤くなって、食べようかと迷った、そんな気持ちが素直に表現できるようにするために、子どもたちに、デジタルで写真を撮らせた。その写真を背景に、詩を書かせた。それを、マイブックに保存した。その詩を読むと、背景のミニトマトと調和して、その時の子どもの気持ちがわかるような気がする。デジタル写真の特徴が、よく生かされている実践だと思って、私はポスターの前で鬼沢先生に質疑応答した。小学校の先生方は、よく工夫されている。

大学生を引き付ける

教育方法の工夫は、星の数ほど多いが、デジタル教材を使った実践を報告しよう。私が教員養成大学で行ったゼミ学生の指導の実践である。研究室に、科研費でタブレットを8台購入して、置いた。若い学生たちは、新しいものに興味を持つ。「触っていいか」という質問に、「もちろんOKだ、自由だ」と言ってしばらく経った。10名ほどの学部3年生は、ゼミの前やゼミのない日でも、研究室にきて、タブレットを触っていた。まさかゲームをやっているのではないだろうと思って、覗いたら、学習アプリだった。学生の説明を聞くと、実に面白いアプリが多くあった。しかも、多くは無料だった。誰が、こんな面白いアプリを見つけたとか、学生たちの間で議論になった。それでは、ゼミの時間に、学習アプリを使った指導案を作って発表しようということになった。私の研究室では、90分のゼミなので、1人が質疑応答を含めて30分発表して、3人がゼミ発表することになっていた。彼らは、ゼミの時間に発表したが、実に興味深い指導案ができていた。

体育アプリでは、鉄棒やマット運動の模範演技を動画で見て、その後、子どもの実際の運動を撮影して比較する、算数の時刻のアプリでは、午前と午後の違いが、アプリの背景の光景が朝昼晩で異なって、同じ10時でもその違いがすぐに理解できる、算数の分数アプリでは、2台のタブレットを使って、まるで水槽のように、1台のタブレットを傾けて、もう1つのタブレットに入れるような動作によって、タブレットの中の水槽の水と泳いでいる魚が、移っていくことで、分数の意味が理解できる、特別支援では、タブレットに部屋があって、指で触ると、音が出たり動いたりする、例えば、窓に触れると窓が開く、冷蔵庫に触れると冷蔵庫のドアが開く、テレビに触れるとテレビ画面に映像が流れる、CDカセットに触れると音楽が流れる、まるでおもちゃの部屋のようなアプリだった。ゼミの質疑応答が盛り上がったことは言うまでもない。

これまでの指導案作りは、ベテランの校長先生が、授業の中で伝統的な指導案について、演習や講義をすることが通例であるが、学習アプリを導入するだけで、学生の意欲は大きく変化した。

やがて、この学習アプリは、卒業論文のヒントになった。読み聞かせに興味を持った4年生がいた。卒論で、読み聞かせの研究をすることになった。大学に、読み聞かせを指導している教員がいた。読み聞かせは、学校でも実施しているが、子ども園や学童保育でも、やっている。ベテランと初心者の読み聞かせの差、人と学習アプリの読み聞かせの差、学習アプリで音声は人が話す時とアプリの音声との差など、いろいろな実験を行い、分析した。そこで得たことは、臨場感の違い、想像力を引き起こす違い、紙芝居とアニメーションの違いなど、いろいろな学習効果の差についての知見を得た。

小学生から大学生まで、子どもたちや学生を引き付け、自分で意欲的に活動させる方法は、多くある。その1つとして、デジタルの果たす役割は大きい。

苦手なことに対応する

アクティブ・ラーニングが大切だとか、タブレットを授業で使おうと言っても、自分には苦手だと尻込みする教員も多いだろう。人には、向き不向きがあるから、苦手な分野は止めておきたいと思うのは、人情である。

ある小学校で、小学校英語の研究をすることになったが、誰も引き受け手がない。国語を研究している先生が、校長先生から指名された。「私は、高校時代に英語が苦手で、日本語という魅力に惹かれて、大学では国語を専攻したのです。それで小学校の教員になっても、国語教育に力を入れてやってきました。この学校では私は若い方なので、私を指名されたのだと思いますが、どうしても筋違いです」と断ったが、聞き入れてもらえそうにないことは、よくわかった。引き受けたが、どうも英語の発音も自信がなく、LとRの違いも危なかったが、なんとか研究をしながら授業を継続した。ある時、その市の指導主事が、研究指定校であるその先生の英語の授業を見学に来た。まだ小学校英語が教育課程に位置づけられる以前のことだったので、英語の授業そのものが珍しい時代だった。緊張しながらも、なんとか授業をした。その時、指導主事はデジタルビデオを持ってきて、授業の様子を録画して、参考のために、市内のすべての小学校に配った。その先生がビデオを視聴したら、発音が数か所も間違っていることに気がついて、青くなったが、後の祭りだった。

その時の先生に心から同情するが、逆にその先生の気持ちが決まった。どうせ自分の未熟さが市内の学校の先生方に知られたのだ、これから思い切って小学校英語に取り組んでみようと決意した。それから、いろいろな教材開発と研究に取り組んだ。NHKの英語教育番組を視聴し、国語も英語も同じ言葉じゃないか、国語教材で良い教材は取り入れていこうと考え、視聴覚機器やパソコンなど新しい機器は、すべて試みた。ある市に、優れた小学校英語の授業を実践している教員がいるという評判がたって、教育団体が主催する研究会で、その先生が推薦されて発表した。実は、私はその発表を聞いて、上記の経緯を知ったのである。

アクティブ・ラーニングもICTの活用も、すべて得意な教員ばかりではないだろう。今日の時代は、社会の変化に応じて、教員に多様な能力を要請するだろう。それは学校だけではなく、すべての組織に通じる要請である。苦手なことにも対応することが、すべての社会人に求められているようだ。チャレンジするしかない。

まとめ

①大学では、教育の質保証が求められるようになった。卒業単位などの形式的なことから、実質的に何ができるようになったのか、どのような能力が身についたのか、という資質能力が求められるようになった。

②大学で、講義を受け身的に聞いていればいいというスタイルから、能動的に授業に参画するアクティブ・ラーニングが導入されるようになったが、それが、小中高等学校にも求められるようになった。

③ただし、いくつかの誤解がある。課題学習やグループ活動はアクティブ・ラーニングだが、教師の説明はアクティブ・ラーニングではないなどとは言えない。どんな活動にもアクティブな学習はある。いかに活動を、パッシブ（受け身的）ではなく、アクティブ（能動的）にするかが重要である。

④そのためには、教育方法の工夫が求められる。例えば、デジタル写真を活用する、学習アプリを活用することなどで、これまで紙だけでは得られなかった学習効果が見られるようになった。小学校から大学まで実践は広がっている。

⑤アクティブ・ラーニングやＩＣＴの活用など、社会の動きと共に、教育に要請されることも多いが、前向きに受け止めていきたい。

4

学習の仕方が変わる

一斉に教えるのか、個別に教えるのか、グループで学ぶのか、世界の国々で展開されている学習の仕方を手掛かりに、何が大切かを探ってみよう。

学習の目標

学校に行くことは、誰も疑問を持たないが、その目的は何だろうかと考えると、当たり前すぎて、答えに窮してしまう。深淵な回答を得たとしても、答える人によって考え方は様々なので、具体的に考えたほうがいいだろう。そこで、学校では何を学ぶだろうかと考えると、すぐに思い出すのが、授業での教科や科目である。小学校では、国語・算数・社会・理科などを学び、中学校でも算数が数学になるが、ほぼ同じような教科を勉強する。高等学校になると、理科というより、物理・化学・生物などを思い出し、数学よりも、数学Ⅰ・数学Ⅱなど、国語よりも、現代国語・古典などを思い出す。これらは、教科ではなく科目と呼ばれる。正確には、理科という教科の元に、物理・化学・生物などの科目が設置されている。ただし、これらの科目は、普通教科と呼ばれる教科の中の科目であり、普通教科以外に専門教科がある。専門教科や専門科目は、すぐに予想されるように、普通高校ではなく、工業高校や商業高校などの専門高校で、生徒が履修する。なお、学習する内容からの分類では、高等学校では、普通学科、専門学科または職業学科、総合学科などがある。

いづれにしても、何が目標なのであろうか。普通学科と専門学科や総合学科などでは、その目標は異なるであろう。

小中高等学校、大学も含めて、教科や科目を考えるには、時間割を思い出すとわかりやすい。先のような教科に加えて、英語・音楽・美術・体育・技術家庭科などがある。先の国語・数学などと、これらの教科は性格が異なるように思われる。さらに、小中学校の時間割では、委員会とかクラブ活動や、総合的な学習の時間や道徳もある。さらに中学校では、職場体験や部活動もある。考えてみると、かなり幅があるようだ。これらの教科・科目は、日本だけなのか、海外ではどうだろうかと、調べてみればわかるが、ほぼ同じようである。宗教や軍事訓練などの特別な教科や活動もあるが、それはそれぞれの国の事情による。日本も、かつては軍事訓練があった。

世界の国が、ほぼ同じ学習内容で授業を行っていることは、学習の目的も、ほぼ同じと考えていいだろう。それは、どのように分類されるだろうか。

学習目標の分類

先に、国語・数学などと体育や音楽や道徳などは、性格が異なるようだと述べた。先人たちは、これを知・徳・体と表現した。確かに、知識を得ることを目的とする国語・数学など、価値観や生き方を模索するような道徳など、健康な身体作りを目指す体育などに分類するのは、自然であろう。その知識にも、多様なレベルがあろう。算数の九九のような知識もあれば、文章問題を解く知識もあるが、これは知識というより、応用と呼んだほうが、納得しやすい。さらに、あなたの意見を述べよというような論述するための知識、というより総合的な知識とか批判的能力と呼びたい知識もある。論述するためには、個々の知識も必要で、その上でこれらを総合的に関連づけて構造化するので、九九のような知識を比べるとレベルが高い。そこで、このような知識をレベルで表して分類した人が、ブルームである。ブルームの教育目標の分類学はよく知られた教科書的な内容なので、ここでは文献は割愛する。

ブルームの分類によれば、認知的領域、情意的領域、精神運動的領域の3つに分けられているが、これらが、知・徳・体に対応することは、納得するであろう。知は、認知的領域であるが、さらに下位から上位に向けて、知識・理解・応用・分析・総合・評価などに分けられる。算数の九九は、知識レベル、算数の文章題は、応用レベル、論述は、およそ評価レベルに対応することは、予想されるだろう。レベルに応じて、求められる能力が高度になる。

なお日本では、指導要録や通知表に記載する評価には、いわゆる成績を示す評価（これを評定と呼んでいる）と、観点別評価がある。観点別評価は、「関心・意欲・態度」「思考・判断・表現」「技能」「知識・理解」などの4観点であるが、教科や都道府県によって表現は異なることもあるが、同じ意味である。「関心・意欲・態度」は、ブルームでは、情意的領域に、「技能」は、精神運動的領域に、「思考・判断・表現」「知識・理解」は、認知的領域に対応している。

以上の背景によって、学習の目標のどこに重点が置かれるのだろうか。知・徳・体は、全人格的な発達を目指すので、すべてが重要であるが、知は、考え方によって異なるようだ。学習指導要領に、「基礎的・基本的な知識及び技能」と「思考力・判断力・表現力」が記述されているので、このどちらも重視される。基礎基本が出来ていなくて、思考力や判断力は身につかない、重点を基礎基本に置くべきだという意見も説得力があるし、基礎基本のようなことは自分で勉強して身に付けるべきで、学校で先生が丁寧に教える内容ではない、むしろ思考力や判断力を学校で養うべきだという意見も、その通りと相づちを打ちたくなる。そのどちらも必要だという意見も、その通りだが、学校で教える時間は限られている。この時間を、どのような使い方をすべきなのかという課題は、現実的には重要である。

上海の小学校

中国上海の学校を訪問した。いくつかの学校の授業を参観したが、すべてではないので、中国の授業はこの通りだと断定はできないが、ある程度の推測はできるだろう。小学校の英語の授業だった。小学生で英語の授業かと、始めは特別な学校かと思ったが、そうではないらしい。英語教育に力を入れている。経済の台頭著しい中国を支えるのは、グローバル社会への志向にあることは間違いないので、小学校低学年から英語に重点を置くのは、自然である。その英語教育も徹底しているようだ。

先生が、子どもたちに話している。もちろん英語なのだが、英語だけで話しかけ、質問し、回答している姿を見て、英会話学校のような印象だった。黒板の横に、スクリーンがある。そこに、いろいろな果物が投影されている。リンゴの絵を指さして、アップルと言い、次々に子どもたちを指名して、アップルと言わせる。その様子は、機関銃のようなという表現が合っている。英会話学習で、スピードラーニングという方法があるが、猛スピードで話す先生と、それについていく子どもたちを見ていると、徹底した技能習得で、確かに英会話ができるようになるだろう。頭の中に叩き込むような感じで、英会話などは、理屈抜きでオウム返しのように、覚え込む、反射的に話す、という訓練が効果的かもしれない。だから、この授業は、基礎基本を徹底的に教えることに、重点が置かれている。

日本の小学校の英語教育は、学習指導要領に、「慣れ親しむ」「コミュニケーション」「楽しさ」などの用語が出てくるので、子どもたちが英語嫌いにならないように、楽しく、コミュニケーションを図りながら、慣れ親しむというイメージで、訓練ではなく、やさしく教える、自然に覚える、表現の違いに気付くというように、子どもが中心である。母親の懐に抱かれているような温かさと優しさがある。中国の場合は、父親のような厳しさや軍事訓練のような集団行動を連想させる。どちらが英語を話せるようになるか、書けるようになるか、と言われれば、確実に中国であり、どちらが英語を好きになるか、楽しいかと問われれば、日本であろう。このように、どこに重点を置くかで、教育方法はまったく正反対のように異なってくる。

フィンランドの小学校

フィンランドの学校の授業風景は、中国の学校と真逆のようで、対比的だった。ともかく静かである。何故静かなのか、先生があまり話していない、というより、教室の中を、後ろに手を組んで、ゆっくり机間巡視している光景だからである。これで授業なのかと思うくらい、静かで、子どもたちは何をしているかと見ると、自分で教科書を開いて勉強している、あるいは、隣同士で話し合って勉強している。だから、個別学習か2人がペアになるペア学習が、よく見られた。フィンランドの学校は、類似の授業スタイルが、いろいろな学校で見受けられた。

私たちも教室を机間巡視して、子どもたちの学習の仕方を見ると、ある子どもは教科書の時計の問題を解いており、別の子どもは計算問題を解いており、ある子どもは実際の時計の側で、短針と長針を触っている。別の子どもは、コンピュータの前で、学習アプリを開いて勉強している。まったく別々なのである。学習する教材やレベルまで、子どもによって異なる。上海の子どもたちが、大きな声で、アップル、グレープなどと一斉に話すスタイルと、完全に真逆であった。個を重視するか、集団を重視するか、技能の習得を重視するか、自分で調べることを重視するかで、授業スタイルは完全に異なる。

普通学級の他に、特別支援の学級がある。もちろん日本もあるが、特別支援の学級には、特別支援として認定された子どもたちが学んでいる。特別支援学級では、個別に対応しなければならないので、子どもの数に比べて教員数も多い。容易に想像できるように、保護者は、我が子を特別支援学級に入れたくないと思っている。普通学級ではついていけないので、是非特別支援学級でと、学校が依頼しても、なかなか承諾しない保護者が多い。心情としてわかる。我が子は特別の子どもなのだと、親として認めたくない。

フィンランドの学校で見ていると、例えば、算数の時間になると、特別支援の学級に多くの子どもたちが入ってくる、国語の時間になると、別の子どもたちが入ってくる、というように、教科毎に特別支援学級で学習する子どもたちが違っていることに驚いた。「何故教科ごとに、特別支援学級で勉強する子どもが違うのか」という質問に、逆に驚いたように、「子どもの顔形が違うように、ある子どもは算数が得意だが、国語は苦手というように、子どもによって様々なので、その子どもの特性に応じて、教室を出たり入ったりするのです。特別支援学級には、教員の数も多いので、丁寧に指導してもらえます。その教科の苦手な子どもは、この学級にその教科の時間だけ入ってきます。どの子どもが該当するかは、医師とも相談して決めますが」と答えた。「それで、保護者からクレームはきませんか」と聞くと、「そんなことは全くありません。その子の特性に応じて、適切な指導をしてもらったほうが、合理的だと思いませんか」と逆に問いかけられた。

特別支援学級の他にも、教科によって教室間の移動が多いので質問したら、「教科によって、子どもたちは、学年を変えるのです。5年生であっても、算数が苦手でまだ習得されていないと判断すれば、3年生の教室で、その時間は勉強します。その逆もあります。4年生であっても、国語の時間は5年生の教室で勉強するなどです。学年というより、その子の能力や特性に応じるのです」と答えた。

日本で学年とは、個人の特性ではなく、年齢という決まった尺度であり、この尺度によって、学級や勉強する内容が決まることに、何も疑問を持たなかったが、言われてみれば、個人という尺度で考えれば、子どもの特性に応じて、それに合った学年で学ぶことは、自然である。日本では、世間体とか他の子どもと同じでなくては、という集団意識が働くので、学年を下げるとか、特別支援学級で勉強するとなれば、保護者も猛反対するに違いない。そもそも子ども自身が、猛反対するだろう。誰もが、いじめにあうのではないかと、不安になるだろう。そう考えれば、いじめの問題も不登校の問題も、このような個に対する意識の違いからくるのではないだろうか。このことについては、第2章でも触れた。

これからの学習の方向

先に、「基礎的・基本的な知識及び技能」か「思考力・判断力・表現力」かと、対比的に述べ、中国上海の学校とフィンランドの学校の授業とその背景にある考え方について、比較しながら述べた、そこに横たわっていることは、集団志向か個の重視なのか、知識や技能の習得なのか、子どもたちが主体的に関わることなのか、などの違いであった。これからの学習の方向は、どこに向かうのだろうか。

21世紀型学力、ＯＥＣＤのキーコンピテンシー、ＰＩＳＡなどの国際学力調査、学士力、社会人基礎力、中央教育審議会などの答申などを総括すると、子どもたち自身が主体的に関わることの重視、問題や課題の解決力などが重視される方向になることは、日本だけでなく世界の教育の方向として共通理解されていると考えてよいだろう。

第3章で述べたアクティブ・ラーニングも、その学習を実現するための方法の1つと言える。ただ、今日の子どもたちの学習への取り組みが、主体的とはかなり離れていることに危機感を持っている。ある中学校で、職員室に生徒が飛び込んできた。教師が、どうしたのだと聞くと、教室の後ろの棚に置いてある金魚鉢が床に落ちて、金魚が鉢から飛び出してきた、どうしていいかわからないから、職員室に来ましたという返事を聞いて、唖然とした。主体的というより、何も判断できない人間、他からの指示を受けるだけの人間になっていると、教師は嘆息した。

何を教育してきたのだろうかという嘆きは、中学校だけに限らない。大学も同じである。近年は、一言で言えば、真面目な学生が多くなった。授業には、確実に出席して、ノートをしっかり取り、レポート課題があれば、真面目に提出する学生が多くなった。それは結構なことではないかと言われるが、反面、成績にきわめて敏感で、レポートの配点、試験の範囲や内容なども、大変気にする。まるで受験でピリピリする中学生のような印象がある。このような授業に気配りができる教員に、人気が集まるようだ。授業に熱心で学生への配慮のできる教員である。例えば、教員が毎回、授業出席カードを提出してコメントを書いて返すなどは、きわめて効果が大きい。これも、大学教員の授業力の向上を目指す活動の成果かもしれないが、反面、学生が自分で判断する、新しいアイデアを出す、自分なりの表現をするなどの面ではきわめて弱くなった。真面目な学生は、教員としては大歓迎であるが、質が異なってきて、正解を求める風潮や、成績だけを気にする学生が多くなると、彼らは本当に大学生なのだろうかと首を傾げたくなる。

試験結果を学生に郵送するが、その成績についても、かなりの頻度で学生からクレームがくる。もっと成績がいいはずだ、どのような配点基準かという問いが多いので、教員は、その配点基準を明確にして公表しているが、それほど気にする学生の考えがどうしても理解できない。世の中に出たら、あまり意味のない、学校だけに通用する世界しか知らない印象を受ける。だから、大学生ではなくて、高校生と思えばよいのだと言われて、始めて納得した。そう言えば、ほとんどの大学で、成績は学生本人ではなく保護者に郵送する。中高生と同じように、学生と保護者と教員による3者面談をする。学生の生徒化、大学の学校化、と言われているが、これは日本の教育の在り方の大きな宿題ではないのか。全体が低年齢化してきたこと、正解だけを気にするような矮小化された価値観を持つことへの危惧である。これが、21世紀の学力や世界の目指す学習の方向と逆方向であることは、疑う余地がない。

主体的に取り組むには

よく言われるように、若い人たちが、海外旅行をしなくなった、車の運転免許を取らなくなった、異性とのデートをしなくなったという現象は、上記の大学生の風潮によく似ている。大学生を称して、「まったり」という言葉を使う教員がいる。まるで、冬の寒い日に、日向ぼっこか炬燵で温まっているような、老人をイメージさせる言葉である。若い人が、このような元気のない気持ちでいるとすれば、オーバーに言えば日本の危機かもしれない。少なくとも、そのような人間に育てた教育関係者の責任である。わくわくした気持ちで、楽しんで学習している姿は、想像できない。

第2章で、小学校でざわついた教室の子どもたちを、教師は話す声をだんだん小さくしていって、全員が声をひそめて教壇に向かわせる指導技術を述べた。その同じ学校で、外国人の英語教師の授業を参観した。その授業風景は、日本の教師とはまるで別であった。スポーツなどをする「プレイ」という動詞を使った英語学習であったが、いろいろなスポーツを描いた絵カードを、黒板に貼り付けた。もちろん、その絵カードを示して、「アイ　プレイ　テニス」などと子どもたちに発音させるのであるが、ただ発音させるだけではなかった。絵カードを黒板からめくると、その後ろにチョークで5だとか10とか数字が書いてある。場合によっては、-40なども書いてある。すぐに想像できるように、正しい発音をすると、絵カードをめくって、その数字の得点がもらえる。教室の子どもたちを2つに分けて、競うのである。AチームとBチームで競い合うと、歓声が上がる。マイナス得点では、さらに盛り上がる。知らず間に、英語の発音をしていた。

なんだ、ゲームかと言われるかもしれないが、子どもが夢中になることは、素晴らしい学習である。知らぬ間に、学習している、ふと気がつくと、授業が終わっていた、という印象だった。日本の授業は、どこか我慢の教育のような気がする。声をだんだん小さくしていって、子どもたちが教師の仕草に集中し、静かな雰囲気になることは、素晴らしい技術だが、子どもたちの自由な表現は出てこない。漢字の書き取り30回は、ともかく練習して身に付けるねらいがあるが、どこか体育系の部活動のような印象がある。いつの時代にも忠臣蔵に拍手を送るのは、家来たちが我慢に我慢を重ねて、主君の仇を打つまではと、歯を食いしばって、悲願を果たすストーリーが、日本人の美学に合うからであろう。このことを、批判してはいない。日本の教育の原点に、このような我慢や忍耐という精神構造を受け入れる価値観があることを指摘したいからである。喜びは、その後の成功した時点にある。耐えることで、成功への道を進むことは、ドラマ「おしん」や池井戸潤の銀行小説をドラマ化した「半沢直樹」を持ち出すまでもなく、至るところで展開されている。日本人に生まれて、その生き方に共鳴して、私もこのようなドラマに拍手を送った。

ただ、先の英語の外国人教員のような、学習そのものを子どもたちに楽しませる指導法がある。楽しむ授業や楽しむ教育とでも呼びたい指導法である。成功結果に拍手を送るのではなく、その授業そのものに子どもたちを巻き込む指導法で、そこに教師も子どもたちも、教えるというより、共に楽しんでいるように思える。もちろん日本にも、子どもたちを授業に巻き込んで夢中にさせる優れた指導技術を持つ教師もいる。しかし、我慢の教育の比重が楽しむ教育よりも、大きい気がする。タブレット端末やICT機器の導入に、どこか躊躇するのは、楽しんでしまって勉強にならないのではないかという心配があるからではないか。しかし、その結果、真面目で、言われることはよく聞くが、自分から表現しない、元気のない大学生や若者が多くなってしまうことは、日本の将来が危ないのではないか。夢中になる経験、授業でも部活動でもいいので、すべての自分を出す経験が必要で、それが社会を生きていく上でのエンジンになるであろう。デジタル機器は、その自分を引き出す道具の1つにすぎない。

反転授業

先の項での「学習の目標の分類」で、ブルームの教育目標分類を述べた。教育の目的は、例えば、知・徳・体のように、昔から変わっていない。日本の教育理念である「生きる力」では、「確かな学力・豊かな心・健やかな体」と標語的に言われるが、これが知・徳・体に対応することは、言うまでもない。その知、つまり確かな学力では、ブルームは、知識・理解・応用・分析・総合・評価などに分類した。この分類では、知識・理解は、どちらかと言えば、基礎的な学力で、応用・分析・総合・評価などは、応用的・総合的な学力だと、誰でも納得するだろう。あえて、日本の学習指導要領の用語に対応させれば、知識・理解は、「基礎的・基本的な知識および技能」に、応用・分析・総合・評価などは、「思考力・判断力・表現力」になるだろう。

これまで教室では、基礎・基本に重点を置いて、誰でも理解できるように、丁寧にわかる授業を展開してきた。応用問題や発展学習は、宿題とか家庭学習でという場合が多かったという立場を逆転して、家庭では、基礎・基本を自学自習して、教室で、応用的・総合的な学習をするという発想が、これまでと逆転しているので、反転授業とか反転学習と呼ばれる。家庭で自学・自習するとなれば、内容理解が困難になることも予想されるので、動画教材を使って、分からない時は、繰り返して勉強できるようにする方法である。世界中で注目され、いくつかの学校で試みられている。

ポイントは、授業での発展学習や討論の仕方にある。子どもの中には、発言できない子も多いだろう、1つは自信がないからであり、他の子が気になるからであろう。それは大人であっても同じであることは、誰もが知っている。ある会議で30名ほどの参加者がいたが、何か質問はありますかと言っても、始めは誰も言わない。しかし1人が発言すると、それが合図であるかのように、次々と手が挙がるようになる。誰も言いたいことはあるのだ。ただ他の目線が気になっているだけである。あの人がこんな意見を持っているなら、自分は別の考えがあるとか、人の顔形がすべて違うように、すべて同じということはない。むしろその違いを授業中に出し合おうという趣旨が、この反転授業にある。

授業で討論できること、特に中高等学校で実現できたら、きわめて革新的な授業改革になる。黙って聞くという受け身から、自分の意見を表現するという能動的なアクティブ・ラーニングへの転換である。

まとめ

①当然ながら、どの教科や教科外活動にも目標がある。その目標は、世界中で共通している内容が多いが、その1つとしてブルームの教育目標分類がある。

②その目標を達成するための学習の仕方には、多様な方法があるが、教師主導でクラス集団を対象にした一斉授業もその1つである。その典型例として、中国の授業を挙げた。

③一方、フィンランドの事例を挙げて、個別学習やペア学習などの授業スタイルで、

個の考えを重視する学習の仕方の特徴を述べた。

④日本の学習の仕方は、教師が多様な学習活動を組み合わせて児童生徒を導いていくスタイルで、優れた指導法であるが、子どもたちは真面目で教師の言うことを聞いているが、自分を表現することなく主体的に授業に参加していないことが多い。

⑤この傾向は大学生にも見られ、学生の生徒化とか大学の学校化とも呼ばれる。

⑥主体的に授業に参加させる学習の仕方の1つとして、反転授業や反転学習がある。

⑦学習の仕方の変革は、アクティブ・ラーニングと強く関連している。

5

公式から非公式に変わる

教科書という検定を経た主要な教材の大切さは、誰も知っているが、その在り方が大きく変わろうとしている。どのような方向なのか、探ってみよう。

教材づくり

熊本市五福小学校で、原田教諭の授業を参観した。4年生算数で、立方体の展開図の単元だった。サイコロのような立方体を展開すると、どんな図になるだろうか、というテーマであるが、上下2面と周囲が4面なので6面の展開図だということはわかるが、どのような組み合わせかは、いろいろな展開があるので、大人でもすぐにはわからない。そこで、教師が黒板にいろいろな展開図を出して、子どもたちに考えさせて、これで立方体が出来上がるかどうかを、発表させるのである。実を言うと、参観している私にも難しかった。その理由は、展開図を組み立てる時に、頭の中で3次元をイメージしなければならないからである。人は記憶容量もイメージ能力にも制限がある。教科書には、いろいろな展開図が書かれて、3次元に組みたてるときに点線で組み立て方を示してあるが、頭の中でイメージすることが難しいのである。ちょうど折り紙で形を組み立てるような作業で、空間認識能力がかなり必要とされる。

その教師が用意したのは、ロの字型をした金属棒だった。よくできていて、金属棒が磁石になっていて、このロの字型金属棒同士を自由にくっ付けたり離したりできる。そこで子どもたちは、グループで実際に展開図通りに組み合わせて、立体図になるかどうか活動しはじめた。この活動が大切である。手を動かすことによって、しだいに立方体になる形とならない形の違いを掴み始める。しかし活動することが目的ではない。展開図と立方体の間の関係を見つけることが目的で、そのための教材である。議論が盛り上がって、その関係にかなり近づいてきた時、原田教諭は、電子黒板の画面に、シミュレーションソフトを見せて質問した。このソフトはよくできていて、展開図をクリックすると、自動的に立体図形に組み立てるので、正しいかどうかがわかるのである。原田教諭は、このソフトは、子どもたちが見つけた展開図の関係を確認するために使った。

以上は、典型的な日本の授業スタイルと言って良いだろう。ここでは、教科書、実物教材、シミュレーションソフトが使われている。教科書は文科省の検定を経た公式なものであるが、その他は検定を経ない教材である。正しくは、教科書は主たる教材で、実物やシミュレーションソフトは副教材であるが、ここでは教科書と教材の用語を使う。つまり公式には教科書で、教材は非公式である。実物教材は、原田教諭が町のショップで探してきたものであり、ソフトはインターネットで探した無料のアプリであった。だから、これは非公式なのである。現実には、教科書だけでは授業ができない。教材を使うことが、自然である。ほとんどの教師は、ワークシートを使う。ワークシートは自作することが多い、その理由は、学校、クラス、地域などによって、子どもたちの特性が異なるからである。ワークシートは、このように子どもたちの特性に応じて作られる。これは、非公式である。

以上のように、現実には、非公式な教材は実際の授業において、かなり大きな役割を果たしていることがわかる。デジタル化が進むにつれて、これからは、公式から非公式に比重が移っていくであろう。これを公式として認めるかどうかで、学習者用デジタル教科書への意見が分かれる。

デジタル教科書

「教科書を教える」のか「教科書で教える」のか、という議論があった。公式なのか非公式なのかという、本章のテーマに近い考え方とも言える。先に述べたように、教科書だけで教えることは、現実にはほとんどない。正式には副教材であるが、ここでは教材と言うが、自作や市販に限らず、ほとんどの教師は教材を併用する。これからデジタル化が進むと、むしろ教材の比重が高くなる。教材は、教材備品という品目で予算措置されているが、紙の教科書とデジタル教材を統合したものが、デジタル教科書と言えよう。現在では、指導者用デジタル教科書が学校現場に普及しているが、これはかなり評判が良いようだ。先に述べたように、教師は教科書と教材を別々に使用して授業を進めてきたが、それが一体化されているので、授業で使いやすいのである。その仕組みは、基本的に、ハイパーリンクと言ってよい。ハイパーリンクとは、教科書のいくつかのボタンをクリックすることで、そこにリンクされている教材が表示されて説明ができる仕組みのことである。例えば、英語の文章があって、ある単語をクリックすると、その単語の説明や発音や写真などを表示することができるので、教師とすればやりやすい。ある新人教員が、指導者用デジタル教科書を使うと、これまでの紙の教科書に戻れないと言っていたが、慣れると馴染んできて離せなくなるようだ。それは、教科書から教材へ、つまり公式から非公式へと比重が移ってきていることを意味している。

教材のアフォーダンス

アフォーダンスという聞きなれない用語なので、少し解説したい。アフォーダンスとはアフォードする、「与える、提供する、誘発する」などの名詞で、ギブソンが環境のアフォーダンスを提案した（例えば、佐々木正人、アフォーダンス入門―知性はどこに生まれるか、2008、講談社）。ここでは、学習という観点だけから述べる。学習する主体は、子どもであることは言うまでもない。だから、「考えなさい、ノートしなさい、質問しなさい、発表しなさい」と、子どもが活動するように教師は指導してきた。子どもの学習意欲、知識、思考力など、子どもが持っている力を育てることが、指導の目標であることは、疑う余地もない。学習意欲や知識や思考力は、子どもの脳や心の中にあるもので、それは学習するエンジンのようなイメージとして、理解してきた。もし、それは実態ではなく、子どもを取り巻く環境の中にエンジンがあると言うと、本当だろうかと疑問を持つだろう。しかしアフォーダンスは、そのような考えと解釈できる。

有名な写真家の土門拳は、法隆寺の写真を撮るとき、カメラを法隆寺の前に置き、じっとカメラを覗いているが、なかなかシャッターを押さない。夕日が伽藍全体を包み始めた頃、何回もシャッターを押した。どのようにして、シャッターを押すのですかという質問に、彼は、「自分で押すのではないのです、対象物が今ですよと教えてくれるのです」と答えた。同じような会話は、実は珍しくない。ある知人の彫刻家に聞いたら、「木の中に掘ろうとする仏像が入っているような気がする。自分の意思で掘るというより、木の方から教えてくれる」と私に言った。似たような経験は、私たちもしているだろう。対象物のほうから、こうしたらいいとメッセージを私たちに送ってくれて、私たちがそれをキャッチして、動作をしていると考えるのが、アフォーダンスの考えである。このように考えると、それほどの違和感はないだろう。私も、講演をする機会が何度もある。うまく講演できたと思うこともあれば、どうもうまく話せなかった、どこがまずいのだろうと、反省することもある。同じテーマ、同じ内容、同じ資料、同じ時間、同じ対象など、その条件はどう考えても同じはずなのに、うまくいったり、いかなかったりすることがある。これは、私だけでなく多くの人が同じような経験をしている。それは、参加者が決めているからではないだろうか、という表現がぴったりだと思っている。話を引き出すのは、そこに参加している聴衆なのだ。自分では話しているつもりだが、実は聴衆から話を引き出してもらっているという印象なのである。土門拳の言うように、法隆寺が、今がチャンスですよというメッセージを出すので、それにしたがってボタンを押すように、私は、聴衆が自分の話を引き出してくれるので、それにしたがって話している、とも言える、もちろん、大筋の流れは自分が決めるが、細部については決められない。聞き手が話を決めると言うと少しオーバーだが、アフォーダンスの意味は、そのように解釈できる。

ギブソンの環境のアフォーダンスやノーマンの道具のアフォーダンスに例えるなら、私は、教材のアフォーダンスが重要だと思っている。学校で用いられる教材の多くは、経験則にしたがって、この教材は子どもたちの興味を引きそうだ、本質的な理解ができそうだ、という予測の元で開発され選択されてきた。

教えるべき内容は学習指導要領できちんと決められ、それが教科書として記述されるが、それをどう子どもたちに伝えるかは、むしろ教材の役割である。この表現も、正確には、教材が、子どもたちにどのようにメッセージを与えるか、主体的に活動させるか、脳をいかに活性化させるか、という視点である。聴衆が話を引き出すように、教材が子どもの活動を誘発するのである。教科書は、話の流れであり骨格であるが、いかに子どもたちの脳を活性化するか、主体的に活動させるかは、教材の役割である。教材によって、授業は生きもするし死にもする、というと少しオーバーであるが、教材の重要性、つまり公式から非公式に比重が移動してきている、と言える。

デジタル教材の意味

ではデジタル教材のアフォーダンスは、具体的にはどのような内容であろうか。先のアフォーダンスの比喩で考えよう。例えば、タブレットは日本語では平板という意味である。黒板も平らな板でできており、ノートもきわめて薄い板と考えることができる。このような平板は、書いたり読んだりというアフォーダンスを持っている。黒板にチョークがあれば、文字を書きたくなり、ノートに鉛筆があれば、文字でも数字でも書きたくなる。同じようにタブレット端末には、特殊ペンで書くか指で触れたくなるアフォーダンスがある。幼児に紙と鉛筆を渡すと、どの子も、誰に教わったわけでもないのに、自然に絵や図形を書き始めることを思い出せば、この意味は理解できるであろう。このように考えれば、平らな板は、書きたくなるアフォーダンスがある。その意味で、タブレット端末は黒板やノートに近いデバイスと言える。パソコンは、キーボードかマウスで人は考えを表現するので、人との距離がタブレット端末や黒板やノートよりも遠いと言える。距離という表現をしたが、これは機能面からの距離であり、物理的な仕組みから見れば、タブレット端末はパソコンと同じコンピュータである。

上記の考えからすれば、紙の教科書からデジタル教科書へという流れは、紙からタブレット端末へという方向が自然である。同じ平板から平板へという流れで、子どもたちは自然に親しんでいくだろう。

しかし現実には、子ども1人に1台のタブレット端末を、という環境の実現には、いろいろな制約がある。子ども1人に1台という環境では、無線LANが必須になる。インターネットで外部とつながる環境で学習するとすれば、環境整備にかなりの費用がかかる。35人学級であれば35台必要だが、実際には40台くらい整備しないと故障などやバッテリー不足などの問題で、十分に機能しないこともある。指導の問題も大きい。これまでは指導者用デジタル教科書なので、例えば電子黒板やスクリーンに投影して、教師が説明するスタイルが主流であった。つまり、情報提示用の使い方であったが、子ども1人に1台という学習者用デジタル教科書になると、考え方が大きく飛躍する。指導者用デジタル教科書は、紙教科書と併用しているので、デジタル教材なのである。しかし、学習者用になると、文字通りデジタル教科書になる。教科書ならば、検定、著作権、肖像権などすべてをクリアしなければならない。さらに、指導方法が大きく異なる。教師主導型から個別やグループ中心の指導になる。指導方法や指導計画を、基本的に変革することが必要になる。ここでは、その課題だけを提示して、どちらがいいとは述べない。

さて元に戻ると、紙の教科書からデジタルの教科書に移るという意味は、教科書から教材へという流れとも言える。それは、子どもたちを引き付ける、教材からメッセージを子どもたちに送って、子どもたちはそれに反応する。紙の教科書では、直接に書き込むという活動は見られなかった。教科書に書き込んではいけませんと、私も小学生の頃に言われたような記憶があり、また実際に書き込むとすれば躊躇する気持ちがある。たぶん、紙の教科書のアフォーダンスであろう。これに対して、デジタル教科書は書き込んだり、メモしたりすることに、あまり躊躇しない。それは、教材からくる感覚でもあり、タブレット端末や教材ならば書き込んでいいよ、というアフォーダンスを感じているからかもしれない。それが、教科書と教材の違いとすれば、読む・見るという紙の教科書から、読む・見る・書くというデジタル教科書、つまりデジタル教材への移行である。検定を経た教科書という公式から、わかりやすい教材という非公式への変化である。

教師の授業デザイン

これまで教科書から教材への移行、公式から非公式への変化について述べた。教材のアフォーダンスについて述べたが、もちろん教材だけで子どもたちは理解できるわけではない。どの場面で教材の特性を活かすかは、教師の授業デザイン、つまり教師の授業力に依存することは言うまでもない。紙の教科書は、主に文字・図表などで構成されている。デジタル教科書は、つまりデジタル教材であるが、さらに音声・写真・アニメーション・動画などが加わる。紙では、文章や図表などから文字で表現される概念や意味を連想させ、デジタル教材では、写真や動画などからイメージ化を促進する。よく知られているが、人は文字や図表や音声などの言語情報と、写真や動画などのイメージ情報または非言語情報の両方で、情報処理している。それらが互いに補完しながら、理解している（例えば、コスリン，S．M．他、2009、心的イメージとは何か、北大路書房）。したがって、紙の教科書とデジタル教科書、つまりデジタル教材の両方を使いながら学習することが、効果的である。

そして、言語情報とイメージ情報の両方を、どのような場面でうまく取り入れるかは、教師の授業の構成の仕方にかかっている。先に述べた熊本市の原田教諭は、実物教材、紙の教科書、シミュレーションソフトを、うまく使い分けた。実物教材を提示することで、実物の持っている、触ってみたいというアフォーダンスを利用して、子どもたちに試行錯誤させることで、ぼんやりとした仮説を立てさせる。ワークシートや教科書の展開図で、その仮説を確かめるために議論する、仮説に自信が出始めた頃に、シミュレーションソフトで確認する、最後にまとめるという授業であったが、これは原田先生の授業デザインによる。授業の結果、子どもたちが深く学習したかどうかは、教師の力量に依存することは言うまでもない。

教科書も教材も料理で言えば食材であるから、出来上がりの料理の味は、料理人の腕によるところが大きい。もちろん、美味しい食材と料理人の腕の協同作業の結果である。

まとめ

①どの教師も、教科書だけで授業をすることはなく、教科書と教材（正確には副教材）の組み合わせで実施している。教科書は、文科省の検定を経た公的な主要教材であり、副教材は、いわば非公式な教材である。

②デジタル教科書（ここでは指導者用デジタル教科書）は、紙の教科書と教材が統合化されたデジタル教材と言える。デジタル教材であることが重要で、公式な教科書と非公式な教材が統合されたので、教材の位置づけになる。したがって、紙の教科書と併用して使っている。

③教材には、子どもたちの興味を引き付けたり、内容の本質を理解させたり、という効果があるが、これは、教材のアフォーダンスと考えることができる。デジタル教材に限らず、教材の開発や選択には、教材自身が内包している特性を研究する必要があるが、それは教材のアフォーダンスに注目していると言える。

④タブレット端末も黒板もノートも、平らな板であり、読むとか書くとかの動作を誘発するアフォーダンスを持っている。紙の教科書はノートとは異なり、書き込むというアフォーダンスは弱いが、タブレット端末のデジタル教材は、書き込むというアフォーダンスを持っているので、教材とノートの特性の両方を持っている。

⑤デジタル化が進むにしたがって、教科書という公式から教材という非公式のメディアへ、デジタル教材では、これらが統合化されたメディアに移行する。それは、デジタル教材のアフォーダンスによるところが大きい。

⑥しかしながら教師の授業デザイン力は、授業の成否を左右する重要な要素であることとは変わらず、教材の質と教師の授業力は、食材と料理人の腕との関係と同じであり、両方が協同して成果が出てくる。

6

個人から協同に変わる

協同という言葉、最近では協働という漢字が用いられることが多いが、それはどんな意味をもつのだろうか、デジタルの観点から、探ってみよう。

ワークショップ

あるワークショップに参加した私の経験を述べたい。そのワークショップは、模擬授業であった。大人の参加者が子どもになって、授業を受けるという研修会である。模擬授業をする教師役はベテラン教師で、私は生徒役の1人になった。模擬授業で生徒役をするのは、初めての経験だった。中学校の理科の模擬授業で、「2月の夕方に金星は見えるか」という単元だと聞いて、逃げ出したくなった。金星の見え方など、経験が無かった。経験がないことは、人を不安にさせる。答えられなかったらとか、間違えたらとか、先生に指名されたらとか、いろいろな不安が横切り、勉強に自信のない生徒の気持ちがよくわかった。特に先生に指名される時の不安は、恥をかきたくない気持ちである。誰でも、プライドがある。いつもは、後ろの方で見ているだけであったが、その時は、いくつかの大きなテーブルがあって、あるテーブルに1つ席が空いていて、そこに入ってくださいと言われて、参加したのである。そこには、タブレット端末と紙の教材があって、グループで議論できるようになっていた。

私たちの班は5人くらいであったが、グループの話し合いから模擬授業は始まった。ある女性の参加者が、高等学校の国語の先生だったが、「夕方って、どういうことなの」という言葉が、議論のきっかけだった。この言葉に、私ははっとした。太陽と地球があって、太陽と同じ側の地球の表面に立っている時が昼間で、太陽と反対側の地球の表面に立っている時が夜で、地球は自転しているから、昼間から夜になる境が夕方だという当たり前の知識が、ふっと浮かんできた。それは、タンスの奥深くしまい込まれた洋服のように、脳の奥に置かれた知識だった。それが、浮力によって、水中から水面に浮かんできたような印象で、その浮力が、先の国語の先生の、つぶやきのような言葉なのである。協同学習の意味が、始めてわかったような気がした。

自分だけでは気がつかないが、他人の一言で、知識が揺り動かされ、浮上してくることがある。それが、自分ではない他の存在の意義なのである。人は、自分だけでは気づかないことが多くある。ある小学校の女性の先生が、子どもたちを自宅に呼んで遊ばせた。子どもたちが帰った後、その先生のご主人が、「子どもたちは、君とそっくりだね。特に、A君の怒り方が」と言った。その言葉を聞いて、自分がどのように子どもたちを叱るか、始めて知った。自分では、こんなにも優しくしているのに、と思っているが、他から見ると別に見えるらしい。

私のワークショップの経験も同じだった。他の先生のお蔭で、しまい込まれた知識が、表に出てきたのである。それから、私たちは、2月の夕方には金星は見えないという結果を導いて、タブレットに理由を書いて、教卓にある先生用タブレットに送信した。この先生用タブレットで、すべての班の結果が表示され、各班で発表して、この模擬授業は終わった。

あの時、もし間違えたらどうしようと思って参加しなかったら、グループではなく自分だけで考えていたら、このような経験はしなかっただろう。個人で考えても正解にたどり着けるかもしれないが、グループで考えるほうがはるかに楽しい。現代では、個人から協同への学習に注目が移ってきた。それは、よく言われるように、問題解決には協同学習が重要な役割を果たすという考えが元になっているが、その意味については、さらに研究が必要である。

グループ活動

ある中学校の授業で、グループ活動を参観した。国語の感想のような内容だったと思うが、4名のグループであったが妙な印象を受けた。何故かと言えば、2人は国語の教科書を読んでいて、別の子はワークシートに書き込んでいて、もう一人はボーとしていたからである。教科書を読んでいる2人も、別々に読んでいた。グループ学習といっても、活動は別々であった。妙な印象とは、協同するのではなく集合していただけなので、感じたのであろう。単に集まって別々のことをしていたら、それは協同ではないことは明らかで、何も生産されない。

先のワークショップのことを、もう一度思い出してみよう。そこに協同で解決する課題があり、教材があり、顔を見ながら話し合い、という共有すべきものがあった。共有すべきものがあるとき、そこに「気付く」という働きが生まれる。他人の一言が、脳の奥にしまい込まれた知識を、表に浮かび上がらせる働きをした。しまい込まれた知識は何も価値がない。そこにあるだけである。タンスにしまい込んだダイヤの指輪もお金でさえ、表に出さなければ何も価値はない。知識は、使ってこそ価値がある。知識に限らず、すべてのものは、使ってこそ価値を生じる。協同とは、価値を生じる「気づき」を促すことに意味があるのではないか。その気づきは、他の存在によって生じるものである。そのためには、そのグループが共有していることが前提である。何を共有するのか、それは、教材でも、課題でも、資料でも、すべてである。共有することによって、協同する場が生まれるのではないか。その場が、「気づき」を生み出すのではないか。

永井正洋の興味深い研究がある（永井正洋，岡部泰幸，永田潤一郎，赤堀侃司、2003、Web上での複数中学校間における数学科協同学習の特徴に関する研究、日本教育工学会論文誌，

Vol.26, No. 4, pp.285-297)。この研究は、中学生に数学の問題を出して、協同で問題を解かせるが、Ｗｅｂ上で議論させて、その発言記録を分析した研究である。この会話を分析すると、正解にたどり着くには、いろいろな経路があることがわかったが、興味深いのは、会話の初期に正解に近い発言や重要なヒントとなる発言があっても、気づかないということである。それは、周囲の生徒も、本人でさえも気づかないのである。ところが、議論が後半になってくると、「始めの時に言った、あの発言は正解に近いのではないか」とか、「すごいヒントだったのではないか」と気づいてくるのである。

では、議論の始めと終わりで、何が異なるのであろうか。それは共有の仕方が違う、あるいは共有の程度が違う、と言える。議論が進むにつれて、「見えてくる」のである。何故見えてくるのか、協同する場が変化したと考えられる。気づくとは、自分で気づこうと思って、つまり意識して気づくのではない。文字通り、気づくのである。それは、第5章で述べたギブソンの環境のアフォーダンスに近い考えである。環境、ここでは場と呼ぶが、場が気づかせてくれると言える。協同学習とは、協同することによって、教材や課題や問題点や資料などすべてのモノ、それを環境と呼んでもよいし、場と呼んでもいいが、その場がグループにどの程度共有されているかによって、場のアフォーダンスが異なるのではないだろうか。日常的な言葉で言えば、場が熟すとか、盛り上がるとか、と言ってもよい。したがって、どの程度にグループに共有されているかが重要で、それはグループの気持ちまで含めた共有のレベルに依存するだろう。どのように共有のレベルを高めるか、それは教師の力量にも依存するであろう。

知識の変化

埼玉県の鴻巣女子高等学校では、反転授業の研究をしている。私も埼玉県の反転授業の研究にアドバイザーとして関わっているので、その授業を参観した。家庭科の授業で、事前に自宅で動画を見てきて、授業に臨むのである。授業では、2人に1台のミシンがあって、ボタンホール縫いの実習であった。動画は事前に担当教員が自作して、インターネットにアップしてあり、生徒たちは自宅のパソコンでもスマホでもいいので、アクセスして事前に見てくる。この授業では、前半に先生の説明があるが、ほとんどは生徒たちによる活動が中心だった。ボタンの穴を洋服に開けて縫い付けるのであるが、担当の先生に聞くと、この作業は意外に難しく、グループから、「先生、先生」と声がかかって、なかなか授業が進まないので2時間かかると言われていたが、この日は1時間で終わった。事前に動画を見てきた反転授業のお蔭だと、授業後の研修会で担当教員は述べた。

参観者の私たちは、その実習の様子を見ていたが、動画を既に自宅で見てきたというが、ほとんどの生徒たちは、ミシンの前で、もう一度2人で相談しながら、タブレット端末にインストールされている動画を見て、話し合っていた。そして、「アッ、そうか、わかった」などと言いながら、納得して実習を続けていた。

反転授業のねらいは、事前に家庭で学習することによって基礎的な知識は習得して、応用的・発展的な内容や課題などについて、教室で議論するという授業形態である。

しかし実際は、生徒たちは、教室でもタブレット端末の動画をよく見ていた。自宅で見ていなかったのではないかいう疑問もあるが、そうではなかった。生徒たちが、「家で見たのに、どうも違う」という言葉でわかるであろう。自宅で見る動画と、教室で見る動画は違うのが、本当である。

先の協同学習という協同という場、教室という場、しかもミシンを使って実際にボタンホールを縫うという現実感、などを考えると、自宅で事前に見る場とは、異なるのが当然である。そこで、その場が、生徒たちに気付かせる、気づかせ方が、異なると考えたほうが自然である。自宅で見た動画は、協同学習で見る動画とは、違うのである。つまり自宅で、個人で知った知識は、教室で協同学習する時には別の知識に変わるのである。個人から協同へという変化は、個人で得た知識を変化させる。より広く、より深い知識に変化させる。協同には、そのような働きがある。

主体的と協同的

主体的と協同的と書くと、アクティブ・ラーニングの代名詞のような印象があるが、協同学習には、主体的であることを参加者に求める。ある研究合宿に参加した。その合宿は、いろいろな研究テーマで予備実験をして本実験に備えるための合宿である。英語で自己紹介するというテーマで、タブレット端末で撮影して、振り返って自己紹介のプレゼンテーションを改善するという目的の予備実験に参加した。2人1組でチームを作り、お互いに自己紹介動画を撮った。始めは、このようなテーマ自身に興味がなかった。学生なら英語の勉強でいいかもしれないが、大人では意味がないと考えていた。しかし、やってみると違った。私たちのペアは、2人とも海外の国際会議で何度も発表しているから、意味ないと思っていたが、実際は違うのである。何が違うと言われても、言葉で表現することは難しく、経験することとは頭で考えることとは違うとしか言いようがない。この場合は、言葉で言う、タブレット端末に向かう、内容を考える、短い時間でわかりやすく言う、英語で伝える、など、頭と顔と手で表現しなければならない。確かに、頭だけで考えることとは違うのである。

もし、このように、やってみること、経験することを、主体的と呼ぶなら、その学習効果は大きい。私のペアの相手も同じ感想を持ったらしく、本当にやって良かったと言って、改善点を話し合って予備実験は終わった。先のワークショップの協同学習の例も、この研究合宿の例も、参加してみる、やってみる、経験してみる、という主体的であることを、要請している。逃げようか、止めようかと、思ったが、本当にやって良かったという印象を持っている。アクティブ・ラーニングは、そのような一歩前に足を出すという態度や姿勢を促しているのではないだろうか。

ビッグデータの活用

協同するとは、個人ではなく多数へという意味である。多数であることは、何かいいことがあるかと考えると、その1つは、ビッグデータの活用かもしれない。多くのデータがコンピュータに集まる。これを分析し、活用すれば、人に役立つことができるという期待の元で、ビッグデータが注目されている。教育での活用はあるだろうか。詳細は述べないが、デジタル技術と同じように、データも活用するという考え方は重要かもしれない。

学年の始めに、教師は児童生徒たちに対面する。教師も子どもたちも白紙の状態で対面するので、お互いに新鮮な気持ちである。授業が始まると、授業中の態度、発言の仕方、宿題の提出、クラブ活動の様子、テストの結果、などで、教師の頭には、子どもたちの特性がインプットされる。それが、子どもたちを知るデータの出発点である。この子どもたちへの印象や見方がどのように変化するかを、経時変化で調査した研究がある。この結果によると、始めにインプットされた印象は、その後になかなか変化しないという結果であった。始めの印象は重要で、この子は、こういう性格だとか、このような成績だとか、そのインプットはかなり頑固のようである。

しかし、子どもは変わる。変わるから、学習するという。大人でも、当然ながら変わる。人の思い込みを直すには、コンピュータでデータを蓄積し、分析し、可視化して、人に提示する方法が有効であろう。数字を見ると、可視化された表示を見ると、人は見方を変えるからである。

まとめ

①協同学習において、個が他によって気づくという働きがある。個人では気づかなかったことが、協同学習によって、気づくようになる。

②協同学習においては、共有することが大切で、単に集合しただけでは、何も生まれない。協同学習する場における変化が、気づきを与えてくれる。

③個人で学習して得た知識は、協同学習という場に出会った時は、別の知識に変化する。協同学習という場によって、個人で得た知識は、見え方が異なるので、より深

く見えるようになる。

④協同学習では、他によって気づくが、それは、個が協同と言う場に一歩踏み出すことが必要で、その意味では、主体的でなくてはならず、アクティブ・ラーニングの考えに近い。

⑤自分ではなかなか気づかないが、協同学習の他に、コンピュータなどでデータを可視化することで、気づくことができる。

7

学校から社会指向に変わる

子ども・家庭・学校を取り巻く環境は、大きく変化してきた。
それはデジタルだけでなく、もっと広い意味での背景がある。
どのように対応すればいいいのか。

学校評議員

私は、ある中学校の学校評議員をしている。学校評議員制度ができてからなので、かなりの年月が経つが、学校の様子がよくわかる。制度ができる以前は、学校のことは、学校と教育委員会などで運営していくものであり、教育の専門外の人間が口を出すことはなかった。現在では、学校評議員の他にも、地域に住んでいる、お琴の先生、太鼓の名人、料理のうまいお母さんなどが、学校に来て、児童生徒たちに教えている。校長も、民間校長がニュースになって久しいが、教員免許がなくても校長になれるという制度が出来た。それは、学校だけでなく、社会の風や空気を入れようとする、学校から社会指向への変化の表れである。

最初の民間校長として有名な藤原和博さんは、東京都和田中学校で「よのなか科」を提案して実践した。文字通り、社会指向の科目である。藤原校長は、学校の事務処理がいかに膨大かの発言を通して、教員の多忙さを指摘したが、多くの社会人は学校教員の忙しさは知らず、休みが多くてうらやましい、という印象すら持っているので、このような指摘に、新鮮な視点と映ったのである。

教員採用試験も、現在は変化している。口頭試問の面接官は、学校の教員や教育委員会の職員だけでなく、社会人も入っている。モンスターペアレントが社会問題化されているが、保護者は何故このような要求を学校にするのだろうか、という疑問を、疑問だけでなく理解して対応できるためには、保護者という目が必要だからだろう。面接では、即答が要求されることもある。「君は、この時、どう指導しますか」、「それは、何故ですか」「それで、うまくいかなかったら、どうしますか」と、ある話題について、次々に質問して即答を要求するという。知識を覚えて答える方式では通用できず、自分の考えや生き方が問われる。つまり、面接のための練習で得られる知識ではなく、思考力や判断力が求められる面接試験である。企業の面接と同じである。つまり、教員採用の面接試験も社会指向なのである。

教職大学院

大学院の教員に、多くの研究論文があって、国際的にも活躍するような研究能力が求められるのは、研究者養成の大学院である。教職大学院には、別の視点が求められている。小中高等学校の教員には、優れた研究者を求めているわけではなく、優れた実践者を求めている。子どもが泣いている、その周囲を子どもたちが取り囲んでいる、その様子を見て、いじめの原因が書かれている文献を思い出すのではなく、即座にその子どもたちの間に行って、どうしたのか、と声をかけて、その場で問題を解決しなければならない。じっと考えているようでは、教員は勤まらない。即座の行動が求められる。これが、実践という場である。

そのような優れた実践者を育てる大学院の教員は、その実践を経験した者でなければ勤まらない。文科省は、教職大学院には、4割を教育実践経験者による教員でなければならないという規則を作った。これも学校から社会指向への変化である。ただし、教職大学院の教員が教える対象となる主な学生は、現職の教員である。現職の教員は、目の前の子どもたちと今も接しているから、かつては、という昔話の経験を話しても、通用しない。経験を元にして、現在も通用し、理論的な説明もしなければならないから、研究志向の大学院とは別の厳しさが求められる。子どもへの説明は、このようにしなければなりません、と話しても、その話に学生が、あくびをして居眠りをするようでは、教職大学院の教員としては失格である。実践の範を見せられないからである。文字通り、実践と理論が繋がっていることを、目の前で証明しなければならない。

研究志向の大学の教員の研究能力も、論文の数だけでは評価されない。他の研究者によって、その論文が、どの程度引用されたかが、論文の価値の指標になる。他の研究者という、社会での評価が求められるのである。

このように見てみると、自分だけ、自分の周囲だけ、学校だけという狭い範囲では、これからは通用せず、他の存在、社会という場を通さなければ、評価されないという社会指向に変化している。

大学の経営

学校の経営で不思議に思うことがある。企業においては、商品を買ってもらった後に代金を頂くというのが通常であり、万が一にも商品にどこか欠陥があればひたすら平身低頭して謝る、というのが社会通念の商品売買のシステムである。しかし、高等学校や大学における学校のシステムは違っており、初めにお金をもらう、入学金あるいは授業料という代金をもらわなければ、授業を受ける権利がない、授業を受けさせないという論理が成立する世界である。つまり、商品の先払いシステムである。さらに、試験をして生徒や学生の成績が悪ければ、自分の講義や授業の方法がまずいというよりも、学生の勉強が不足しているのだ、という正統的な理由によって、単位を落とす等の処置をするシステムになっている。単位を落とせば、もう一度履修しなければならないので再び授業料をもらうという、いわば殿様商売のようなシステムになっている。しかし、このシステムも変わり始めた。

現在、大学でも3者面談という、小中高等学校と同じ行事がある。学生と保護者と担当教員の3者で、説明会を開くのである。今、大学では、このように成績をつけています、このようにシラバスを作っています、学生相談室ではいつでも学生を待っています、進路指導部では、資料もすべて整っています、などと説明し、保護者の質問に答える仕組みで、特に私学では大切な行事になっている。始めは、私は戸惑った。どうして大学が小中高等学校と同じような行事があるのかと思っていたら、経営学部の教授に、「これは、会社の株主総会と同じだよ」と言われて、始めてわかった。授業料や入学金を出しているのは、基本的に保護者である。つまり、企業の株主に相当すると考えてよい。とするなら、その経営を任されている大学の教職員は、説明責任を問われるのである。その説明会が株主総会ならば、3者面談は、大学の株主総会である。きちんと丁寧に説明しなければならない。

これは、学校や大学だけから社会へという視点への変換である。大学でも、社会指向は、確実に定着している。それは、市場原理と言ってもよい。

学校の文化と社会の文化

ある小学校で授業風景を見た。子どもが10人以下の超小規模校で、1人だけのクラスを参観した。子どもの社会性は育つのかと心配になったが、その子どもは屈託なく育っていた。授業では、黒板の前に先生が立って、大勢の子どもたちを前にしたクラスと同じような光景だった。それは、その通りだと思えると同時に、違和感もあった。特に、何か質問はありませんか、という問いだった。目の前にいるのは1人だけである。どこか、演技でもしているような感じで、子どもの机の横に座って授業をすればいいのに、と思ったが、授業とは、こういうものだという学校文化があるのかもしれない。例え1人であろうとも、通常授業のやり方を踏襲することは、教育的には大切かもしれない。反面、どこか現実離れしている、つまり社会とは離れているのではないかと感じた。教育には、伝統文化を守る面と、進歩する社会と歩調を合わせて進む面の両面がある。

　アメリカで日本の補習授業校を訪問した。補習授業校とは、土曜日だけ通う日本語の学校で、子どもたちは普段は現地校に通っている。アメリカのような英語圏の場合は、子どもに英語力を身に付けさせたいという親の気持ちがあって、普段は現地校や国際学校に通わせ、日本語や日本の勉強を忘れないように補習授業校に通わせるという考え方が強い。日本からの視察で、私と一緒に行った小学校の校長先生がいて、彼は授業参観の後の研修会でいろいろなコメントをした。あの場面では、このように問いを出すべきだ、板書の仕方では、もっと丁寧に子どもの側を見ながら書くように、など細かいコメントを出した。特に、服装には注意をした。ジャージはいけない、ネクタイと背広をすること、など、先生が子どもに注意するように話したが、私には違和感があった。その補習授業校は、西海岸にあり、西海岸の大学では教授も短パン姿というラフな服装で講義をしている。だから、補習授業校に通う日本の子どもたちも、普段は現地校に通っているので、アメリカ風の学校スタイルだったから、その校長先生としては、これは日本の学校ではない、日本の学校文化ではないと思ったのかもしれない。だから、日本と同じスタイルの授業の仕方を、教員に要求したのであろう。海外にいて、日本文化を守るのか、現地の文化に従うのかは、難しい課題である。日本文化をコアにしながらも、現地の文化を取り入れていくことが賢明であろう。だから校長先生のコメントは、現地事情に合っていないという点で、違和感があった。

このように学校から社会指向へという変化は、学校文化を守りながら、現実の社会の変化に対応するという柔軟な姿勢を求めているのである。

ICTの学校への影響

社会におけるICTの影響は、きわめて強い。上記のように、学校文化と社会の変化がいかに関わるかが、今日のICT教育の在り方の課題と言って良いだろう。しかし、社会におけるICTは、確実に学校に影響を与え続けている。

クラウドによって、家庭と学校や職場がつながった。クラウドを使うことで、どこでも端末さえあれば、ファイルにアクセスでき、メールも読み書きでき、大変便利になった。このようにクラウドは、場所を超えた。クラウドによって、学校と家庭など場所を選ばなくて済む。学校から社会指向へという流れは、いずれ学校におけるクラウドの活用に導いていく。

ＢＹＯＤ（児童生徒が私用のタブレット端末などを学校に持ち込むこと）も検討されている。自分のパソコンやタブレット端末を学校に持ち込むことで、１人１台の学習環境を作るという考えで、学校と家庭と社会がつながる。学校で使う備品は学校備品であり、子どもたちの誰にも平等に提供することが、日本の教育の原則である。しかし、この原則が崩れることになる。これはきわめて大きい変化である。ただし、セキュリティーや個人情報など、安全安心の面では十分な配慮が必要である。個人のデバイスを持ち込むことで、ウイルスに感染したら大変なことになる。社会とつながるということは、光と影の両面、便利さと危険の両面があることも、知っておかなければならない。

反転授業が、いくつかの学校で試みられている。これまでは、学校教育と家庭教育は、別の在り方であった。家庭で子どもたちは、インターネットにアクセスするなどの方法で、明日の授業に関連した動画を視聴する。つまり予習である。動画だから、わからない時は、リピートして何度も視聴することができる。自分で理解する意味で、主体的な学習でもあるが、ねらいは、学校での授業の仕方にある。授業では、議論を中心にして理解を深めたり、応用問題にチャレンジしたり、という協同という場を活かす考えであり、その実践については第6章で述べた。

日本の教員の得意な授業方法は、子どもが何も知らない白紙の状態を前提にして、教員が課題を出し、問いかけ、子どもたちの意見や考えを出し合い、ある結果に導くという帰納的な方法である。これは、現在でも主流の授業スタイルと言ってよい。しかし反転授業は、その授業スタイルとは異なっている。子どもたちは、すでに予習していて、結果もわかっている。日本の教員が、塾を好まない理由は、結果がわかっている子どもがいると、結果を導くという帰納的な指導法が出来にくいからである。では反転授業は、どこに中心があるのか、それは議論にある。議論することで、さらに深く理解することである。大学のゼミに近い授業形態と言える。

これまで学校と家庭は、別の仕組みなので、子どもが塾に行っても通信教育で勉強しても、家庭と関係なく独立して学校の授業を組み立てていたが、反転授業は、むしろ家庭での学習を積極的に取り込むという考えである。学校だけの仕組みから、家庭という社会指向への変化ととらえることができる。これも、インターネットなどの情報環境が変化をもたらしている。

コンピュータテストも、テストの在り方を変えようとしている。知識だけをテストするのは、紙で十分である。効率化という点でコンピュータを導入する意味はあるが、紙でも問題はない。しかし、例えばコミュニケーション能力をテストしようとすると、どうだろうか。文字だけでは難しい。電子メールのトラブルの例として、「Aさんは、かわいくない」のような会話がある。本当にかわいくないという意味なのか、かわいいという意味なのかは、どのような場面なのか、声の抑揚はどうなのか、などによって決まるので、文字だけは判断できない。したがって、動画、せめてアニメーションなどで提示してテストする必要がある。つまりコンピュータテストである。

ＯＥＣＤが、問題解決能力テストのためにコンピュータテストを研究し実施している。詳細は省くが、コミュニケーション能力や問題解決能力などは、社会において求められる能力である。学校での知識だけをテストするなら、コンピュータテストの必然性はない。

そのことを明確に示したのは、ＰＩＳＡであった（国立教育政策研究所、ＯＥＣＤ生徒の学習到達度調査（ＰＩＳＡ）、http://www.nier.go.jp/kokusai/pisa/）。ＰＩＳＡの正式な日本語名は、「ＯＥＣＤ生徒の学習到達度調査」であるが、ある出版社のタイトルは、「生きるための知識と技能」である。生きるとは、学校で生きるのではなく、社会で生きるためである。だからＰＩＳＡでは、学力と呼ばずリテラシーと呼んだ。これに対して、ＴＩＭＳＳなどの理科数学の国際比較調査は、学力である。日本の国内も、全国学力学習状況調査のように、学力である。

しかし、ＰＩＳＡが大きなインパクトを世界の教育界に与えたのは、学校から社会指向を明確に示して、調査を実施したからである。その結果、ＰＩＳＡ型学力などと呼ばれて、思考力や判断力などの社会で通用するような能力を、学校でも育成する方向に変化した。その方向は、日本だけでなく、世界の教育界の方向になり、それが、21世紀型能力とか21世紀型学力と呼ばれるようになった。あるいは、ＡＴＣ21Ｓ（Assessment and Teaching of 21st Century Skills）とも呼ばれる。教育測定の父と呼ばれるソーンダイクは、この世の中に存在するものは、すべて量的に測定できると述べたが、ＰＩＳＡはまさにその言葉通りであった。

社会で生きるために必要な能力は、学校とは別で、学校は学校、社会は社会、と切り分けてこれまで議論してきた。企業では、コミュニケーション能力が必要だ、いや飲みニケーションだとか、日常の活動の中で養われるもので、測定できるとは誰も思っていなかった。ソーンダイクの言うように、ＰＩＳＡはそれを測定して国際比較できることを明確に示した。だから、世界の教育界が注目した。今日の21世紀型能力の先鞭をつけたのは、ＰＩＳＡと言っても過言ではないだろう。日本では、このような発想はない。欧米型の発想だと言ってよい。それが、日本にも輸入されて、学習指導要領にも、明確に、21世紀型能力を目指す教育課程が明記されることになった。その測定の方法として、コンピュータをベースにしたテスト、ＣＢＴが登場した。ただし、デジタルには、光と影があることを述べたが、ＣＢＴの実施についても、予想されるように、いろいろな課題がある。しかし、学校から社会指向という観点から見れば、その方向は、実施の方向になるだろう。

まとめ

①学校の仕組みが、学校評議員、民間校長などのように、学校だけの世界から社会の仕組みを取り入れる方向になっている。

②大学も、社会指向に向かっている。教員養成を目指す教職大学院では、その教員は

教育現場で実践を経験した者であること、学生と保護者と教員の3者面談や学校説明会の導入など、大学だけの論理ではなく、授業料を負担している保護者への説明責任が重要になってきた。

③学校における活動や、超小規模校や海外の補習授業校などの授業の仕方なども、地域の文化を反映した在り方が問われている。

④ICTの進化もまた、学校教育の在り方に、大きな影響を与えつつある。クラウドによって学校と家庭に区別がなくなり、反転授業によって、学校と家庭が連携することで、授業の指導方法が基本的に異なり、BYODの導入によって学校備品の考え方を変え、コンピュータテストによって、テストする学力の質が異なってきた。そのテストのきっかけは、社会指向を目指したPISAである。

8

準備から今へ変わる

これまでの教育は、準備のための教育であった。
準備から今へ、過去の学習から今の学習へ、その転換が求められている。
その背景を、探ろう。

学力テストから

国際数学・理科教育動向調査は、頭文字をとってTIMSSと呼ばれるが、日本は参加国中で常に1位から5位に位置するほどの上位にいることは、よく知られている。その上位にいる日本が、平均値に比べてはるかに低い得点を示した問題があった（TIMSS2003調査ー理科・小学校第4学年ー（1）公表問題（理科問題例5小学校第4学年））。

小学校理科の問題で、ろうそくの問題だった。ろうそくに火を灯して、ガラス瓶でふたをする。ガラス瓶は、大・中・小の3種類あって、どれが最も長くろうそくの火が灯るでしょうか、という問いで、当然ながら、大きいガラス瓶は、瓶の中の空気、つまり酸素が多く入っているので最も長く火が灯る、という答えであるが、正解率が他国に比べてはるかに低かった。小学生でも常識的にわかる易しい問題なので、他のもっと難しい問題の正答率から考えて、何が原因なのかが検討された。

いろいろな角度から分析されたが、この問題は学校で習っていなかったから、が原因と判断された。これは驚くべき結果と言える。習ったことはきちんと答えられるが、習っていないことは頭が働かない。つまり応用力が弱いという結果である。応用力が弱いことは常識的にわかるが、これほどとは思っていなかったという事実である。

高校生の理科の学力テストの問題も、興味深い結果を示している（文部科学省、平成17年度高等学校教育課程実施状況調査、国立教育政策研究所教育課程研究センター、2011）。電気回路の問題である。家庭用に電気コンセントがあり、多くのテレビやパソコンなどの電化製品を、電気コンセントにつなぐ、いわゆるタコ足につなぐと、熱が出て危険だという常識についての問いである。その理由を以下から選びなさいという問題で、直列接続か並列接続なのかの理解があれば、簡単に正解できる問題である。正解は、並列接続だからという選択肢であるが、正解率は35％であった。

通常の電気回路の問題で、直列と並列があって、電流などを求める問題であれば、このような低い正答率ではないはずだが、現実の問題になると途端に難しくなる。このことも、よく経験していることである。家庭の電化製品が直列につながれていると、1つの電化製品のスイッチを切ると、すべての電化製品に電気が流れなくなるから、そんなことはないはずで、並列ならば、どの電化製品のスイッチを切っても、他には影響はないことは、回路図を見ればすぐにわかるが、そのように頭が働かないのは、何故だろうか。

子どもも大人も含めて、私たちの頭の中は、理科の電気回路の計算問題、日常生活の電化製品の取り扱い、などは別々に保存されていて、お互いに連絡されていないようだ。格納棚があって、多くの引き出しがあるが、それぞれはすべて独立しているので、中身は行き来しない仕組みに似ている。

同じようなことは、いくつかの場面で指摘されてきた。算数で比例を学習しても、社会科の地図の学習で、地図上での長さから実際の長さを計算することが出来ない、国語で文章の意味を学習しても、算数の文章題になると意味が読み取れない、など多くの事例がある。何故だろうか。しまい込んだ知識では、どうにもならない。あらゆる場面で適用できてこそ、始めて生きた知識になる。そのためには、どうしたらいいだろうか。

SSHの発表会

ＳＳＨは、スーパーサイエンスハイスクールの頭文字であるが、理系に重点を置いた科目を設置して、理系に強い生徒を育てる高等学校で、文科省の特別認可校である。その研究発表会が、毎年行われる。８月の真夏に行われ、４０００名以上の高校生が参加するので、科学甲子園とも呼ばれる。海外からの高校生も参加する。生徒たちのポスター発表を専門家が審査して、物理・化学・生物・地学などの科目ごとの代表校を選ぶが、彼らの発表がすごい。研究内容は、当然ながら高度で専門学会での発表に耐えられるレベルであるが、すごいのは、その質疑応答である。

理科の教師であっても、自分の専門以外の分野では、素人である。物理の教師が、生物の研究発表に質問するのは、よほどの興味と知識がなければ、できない。しかも、

4000名以上いる大会場である。しかし、15分ほどの発表の後、大会場のあちこちから質問の手が上がる。しかも、高校生らしい、そして本質をついた内容で、さすがSSHだと毎年感心して参加している。

SSHの生徒達は、課題研究に取り組んでいる。この経験が、生徒たちを鍛えている。そして、彼らの質問がすごいのは、科目の専門性にとらわれないことである。専門的な質問は、その分野で研究した人しかわからないような内容を想像するが、高校生だからなのか、誰でも理解できそうな内容で、しかも核心をついた質問が多い。それは内容を深く理解しているからであろう。核心をつく質問ができることは、専門家なのである。だから、この高校生たちは、科目に共通する能力、例えば、論理的に思考する、全体の関係から推論する、比較することで違いを浮き出させる、など高次の認知能力を持っていることは、確かなように思われた。私が感心し敬服したのは、個々の分野の詳細な知識ではなく、科目全体に横たわる能力であった。この能力がどこから生じたのかは、課題研究という経験なのであろう。この経験を通して得られたのではないか。このように考えると、課題を追求することは、人を強くする、自信を持たせる、どんな権威も恐れない、堂々と自分を表現する、つまり自立する人間を育てることにつながると言える。

課題研究は、SSH以外の普通高校でも推奨されているが、SSHには、はるかに及ばない。それは、大学進学のためと言われるが、SSHが示したことは、大学進学率も向上している事実であり、課題を追求することが、本物の学力を身に付けさせているという証拠である。基礎基本を学習するだけでは、本物の能力は身につかず、課題にチャレンジしなければならない。それは、稽古だけして、本場所の相撲をしない力士のようなものであり、練習場だけに通って、本物のゴルフ場に行ったことのないゴルファーのようなものであり、教室で講義だけを受けて、本物の患者さんの診断をしたことのない医者のようなものであり、現実にはあり得ない。子どもたちや学生は、教室の中だけの学習をしているが、課題研究は、力士やゴルファーや医者のように、本物を対象にしていると言ってよい。本物は、何が起きるかわからないし、予知できない。本物とは、現実と言い換えても良いが、その現実課題を追及することで身に付く能力で、その知識は、しまい込んだ知識ではなく、生きた知識である。

準備するとは

小学校算数では、1年生でいきなり分数を学習することはない。分数を学習するためには小数を、小数を理解するためには割り算を、割り算を理解するためには掛け算を、掛け算を理解するためには足し算と引き算を、というように、何らかの前提となる知識が必要である。だから、足し算と引き算は小学校1年で、その前提となる数については、小学校入学前にわかっているだろうと想定している。つまり、何かを学習するには、それを受け入れるための準備が必要である。準備運動しないで、いきなり運動をすると足腰を痛めたりするので、身体でも準備が必要なことを知っている。何か難しいことに取り組む時には、心の準備も求められる。

準備をして知識を受けとり、その結果で知識が積み上がり、それを準備として、次の知識をと考えると、何か物を積み上げるイメージが生じる。先のＴＩＭＳＳの調査では日本の子どもたちは、授業で教わったことはよくできるが、習っていないことは、ほとんどできない、あるいは、算数で勉強したことは算数の問題であればよくできるが社会科の地図の問題になると、まったく適用できない、電気回路の問題も電気回路の計算問題なら簡単にできるが、日常生活の電化製品の問題になると、途端にできなくなる、という事例を見ると、縦のように積み上げた問題であればできるが、横のように広げた問題や応用する問題では、途端にできなくなるようだ。

準備とは積み上げるようなイメージで、積木のように積み上げれば高くなるが、少し横から力を入れるとすぐに崩れてしまうような脆さがある。縦だけでなく、もっと横にも広がるような、柔軟で壊れないような構造体にならないのかという問いが出てきた。その解決の１つが、ＳＳＨで見たような課題研究であった。課題研究が縦にも横にもつなげるような役割を果たすのではないかと、言える。

課題は今

先のＳＳＨの課題は、未知の課題である。未知とはまだ誰も知らないことだから、今の課題と言ってもよい。教科書に記載されている内容、それは過去の内容である。今からさかのぼった昔に考えられたことである。今という時刻は、まさに先端であり、それから先は未来であり、誰も行ったことがない世界と言ってよい。その先端の点に立って、課題に取り組むのである。そこに、過去の内容が反映されて、横にも縦にもつながるのである。

私が教育学部で教鞭をとっていた時、その大学ではスクールサポートという制度があって、学生たちは、普段の授業の合間に、小中学校に出かけて授業の補助をしたり、教材作りを手伝ったり、テストの採点をしたり、など教師のサポートをしていた。この制度のおかげで、学生たちは、今の課題に取り組むことができた。通知表の作成の手伝いをする時に、授業で聞いた観点別評価の内容を思い出し、テスト採点の手伝いをしながら、教育評価の内容を思い出し、指導案を作る時に教材論の講義ノートを開き、文字通り、縦と横の糸を通している活動であった。今の課題に取り組むとき、それはSSHの生徒のような、生き生きとした表情が出てくる。自信を持ち、前を向き、わからなければ質問をし、学習することの意味を見出したような表情をする。人は、今の課題に取り組むことで、生きがいや学ぶことの楽しさを知るのではないか。

茨城県つくば市春日小中学校という小中一貫校がある。この学校は、その学力の高さでも有名であり、地域の保護者は子どもを、学区を超えて入学させるという。1600名以上という大規模校であって、不登校児童生徒が1人もいないという驚異的な学校でもある。正確に言えば、この学校に入学すると、不登校児童生徒が登校するようになる。さらに、ICTを日常的に活用している学校としても注目され、参観者が絶えない。1600名を超えたという数字が、保護者の期待感を反映している。

この学校の授業参観をした。中学校の国語の授業であった。脳科学の内容が、国語の教科書に掲載されていることにも興味を持ったが、興味深いのは、その授業展開である。脳細胞を流れる脳血流の分布が教科書に記載されていて、その研究によると、黙読よりも音読のほうが、脳が活性化するという内容であった。つまり、黙って本を読むよりも、声を出して読んだほうが、脳血流の流れが多くなり、脳が活性化する。黒板を見ると、「脳を活性化させる効果的な方法は、音読しかないのか」というテーマがあって、その横にいくつかのサブテーマが書かれている。多分、この授業の前の時間に話し合ったのであろう。計算、空想しながら散歩、運動、歩きながら計算、指を動かす、健康食、利き手と逆の手を使う、朝食、であった。これらは、各グループから出たアイデアだという。読んでみると、確かに脳を活性化しそうな方法のように思われる。きちんと科学的に証明するには、多くの労力がかかるが、この授業では、何故そのような仮説が成り立つかを、理由と証拠を探して、ワークシートを完成させて発表するという授業デザインであった。グループに1台のタブレット端末で検索しながら、自分たちの仮説の妥当性を探していたが、どのグループも歓声が上がっていた。

脳の活性化とは、まさに認知症の予防でもあり、今日的課題である。文字通り、今に求められている重要な課題である。今の課題に取り組むとき、脳はあらゆる知識を探し、インターネットからも専門家からも、関連情報を入手するだろう。それは、今という時から過去のすべての情報や知識を収集し、今に関連付ける活動である。今という先端を走っている活動なのであり、人を生き生きとさせるのである。このような先進的な学校では、教科の学習にも、過去だけではない今の内容を取り入れている。

準備から今へ

これまでの多くの学習は、準備の学習であった。足し算や掛け算は、掛け算の準備、掛け算は割り算の準備、割り算は小数や分数の準備、などのように、積み上げるという考え方で、教育課程が系統的に作られてきた。それは間違いではない。正統的な学習の体系である。それが、小学校は中学校の準備、中学校は高等学校の準備、高等学校は大学への準備、大学は就職への準備、になった時、どうもこれはおかしいという声が出てきた。準備教育が、ひずんだ形になった。進学のため、受験のための準備教育という形になっていった。企業は、大学での教育に期待をしなくなった。それは、大学の教育内容が、企業における仕事の準備になっていなかったからである。だから、入社してから企業内教育を始める、あるいは海外からの人材を雇用するという方向に切り替わっていった。

ＰＩＳＡという国際学力比較が、正確には学力ではなく、能力比較であるが、世界に驚くべきインパクトを与えた。「生きるための知識と技能」という日本語訳が、そのことを物語っている（国立教育政策研究所、生きるための知識と技能（ＯＥＣＤ生徒の学習到達度調査）、ぎょうせい、２００２）。生きるのは、学校ではなく、この世の中である。生きるのは、過去ではなく、今である。かくしてＰＩＳＡ調査は、今、この世の中で生きるために必要な能力は何かを調査して比較するというメッセージを、世界に送ったのである。そのインパクトは、現在では21世紀型学力に引き継がれていき、ほとんどの国は、この21世紀型学力を教育理念にしている。それは、世界の標準になりつつあると言っても過言ではない。

企業で大切なのは、コミュニケーションだ、人間力だ、総合力だという声は、これまでは学校では育成できないという意味で言われてきたが、現在では、学校教育で育成しようとしている。これからの教育は、過去から今へ、準備から今へ、学校から社会指向へ、と変わろうとしている。

まとめ

①学習した知識が、机の引き出しにしまい込まれたように、他の分野に転移できないことが、いろいろな場面で指摘されている。

②ＳＳＨでは、課題研究を精力的に実施しており、ＳＳＨの高校生は、科目を超えて内容を理解して質疑応答することから、課題研究という活動が、知識の転移を可能にするのではないかと思われる。

③内容の系統性を重視することは大切であるが、それが、内容の理解だけに焦点化されて、それを活用するとか、今の世界にどのように関連付けられるかには、重きを置かなかった。それが、現実世界と離れた知識になっている危惧が生じた。

④ＰＩＳＡ調査は、「生きるための知識と技能」と言われるように、過去ではなく、今の世の中を生きるために必要な知識や能力を調査する目的であり、学校教育と今の現実社会を接続する意味で、インパクトを与えた。

⑤これからの教育は、準備教育から今の教育に、比重が移っていくだろう。

9

伝達から経験に変わる

後世に伝達すべき知識があることは言うまでもないが、それだけだろうか。その他に、現実社会での経験知は、どのような意味を持っているだろうか。

問題解決とは

ある学生が青くなって、私の研究室にやってきた。卒業論文を書いたファイルが、消えてしまったと言う。「バックアップは」と聞いても、「すいません。バックアップをしていませんでした」と言う。あれほど何度も言っているのに、と怒ってもみても後の祭りである。もう論文提出までに日数が限られている。2人で、インターネットで対処法を探した。出てくる方法を、片端から試してみた。その中の1つに、まるで名人芸のような技があって、解決した。ファイルが復活した。その学生が歓喜したことは言うまでもない。こんな経験は誰もしているだろう。

パソコンの本を読んでも、解決法が出てこないことは確実である。情報工学の教授を呼んでも、無理だろう。何故なら、失敗を繰り返しながらたどり着いたような方法だからである。それは、確立された知識というより、何度も繰り返して得られた経験知だからである。問題解決や知識には、教科書や文献だけでなく、このような経験に基づく知恵や知識がある。これからの時代は、このような経験知を求めるだろう。未知のことは、経験という重みを必要とするからである。

あるテレビ番組で、認知症について報道していた。87歳になる母親の介護をしている娘さんの述懐である。50歳代になる娘さんの悩みは、母親の徘徊癖だった。家の中なら、自分が食事や洗濯など身の回りの介護はできるが、徘徊だけは困った。近所迷惑になるだけでなく、どこかに行って帰って来られず、警察のやっかいになるかもしれないからだ。母親が自分の部屋から外に出ないように監視していたが、外に出ようとする母親が、それを制止する娘さんに罵詈雑言を浴びせた。その娘さんは、怒りよりも、自分の娘と認識できていないことが悲しかった。しかし、徘徊だけは何としても避けたかったので、とうとう部屋に鍵をかけて、外に出られないようにしたため、母親の娘さんに対する憎悪は、ますます深くなった。毎日が地獄のようだった。ある時、ふと思った。徘徊を避けるのは近所迷惑だからだが、それは体裁ではないのか、母親のぶざまな姿を近所に知られたくないからではないのか、自分が近所に見下されるからではないのか、と自問した。逆なのだ。近所の皆さんの手を借りよう、警察にもお願いしよう、自分だけでなんとかすることを止めて、皆さんにおすがりしよう、そして自由に母親に徘徊してもらい、近所の人にもそのことを伝え、母親に声をかけてもらおう、自分も母親の後を追って危険かどうかを確認しようと、決心した。それから、母親の自由な徘徊が始まった。薄皮をはがすように、少しずつ母親に笑顔が戻ってきた。やがてこの治療法が評判になり、他県へも広がりつつあると言う。

医学書にも書いてないから、テレビ放映されたのであろう。経験知と言ってよい。それは、人が苦しんで苦しんだあげくにたどり着いた貴重な知恵である。その方法が本当に正しいのか、医学的にみて妥当な方法なのか、まだわからない。しかし、理屈よりも科学的な実証よりも、事実のほうが先である。事実は誰も否定のしようがない。事実とは、現実に遭遇した経験と言ってよい。その経験とは、どのような意味を持つのだろうか。これまでの知識とどこが異なるのであろうか。

本物の医者とは

私の著書から、初心者と専門家の違いの概要を紹介しよう（赤堀侃司、教育工学への招待、新版、ジャムハウス、２０１３）。

医学部の学生と本物の医師を比較した研究である。学生と医師の両者に、本物の患者のカルテを渡す。病気は心臓疾患に関する病気で、血液のデータ、顔のむくみなどのデータ、患者の報告によるデータなどを記載したカルテである。それを見て、学生と医師が、どう判断するかを比較した。血液のデータ、患者の報告のデータなどから、どのような心臓の病気が考えられるかという問いをして、回答用紙に書いてもらう。医学部の学生はよく勉強していて、この血液のデータから予想される病気はといった項目の調査では、医師とほとんど差がなかった。つまり個々の項目についての調査では差がなかった。しかし決定的な差は、それでは総合的に判断して、この患者さんの病名は何かという問いに対して、生じた。個々のデータに対して差が無く、総合的な判断で差が生じたのは、どう解釈すればいいのだろうか。

それを、この研究では知識構造の差で説明したのである。項目の1つである血液データから、このような病気の可能性があると推測するのは、個々の知識と言える。しかし総合的に判断するには、それらの個々の知識が構造的につながっていなければならない。本物の医師は、知識が全体として構造的につながっており、医学部の学生の場合は、知識がばらばらで全体として構造化されていないからだと、説明した。学生は、講義や本を通して、個々の知識は本物の医師と同じように持っている。しかし、それらの知識がお互いにつながっていなかった。つながっていなかったから、正確な総合的な判断ができなかったというわけである。これに対して本物の医師は、絶えず本物の患者さんを診察している。患者さんは、いろいろな病気があって、医学書に書かれている個々の知識では対応できない。本物の患者さんという現実の場面を通して、医学書で学んだ個々の知識をお互いにつなぎ合わせることができた。そして、それが構造化されて的確な判断ができたという説明である。

この文章でわかるように、教科書や文献だけの知識では、現実に対応できない。現実の課題を前にして、これまで学習した知識がつながる。それは、人の体が肝臓や心臓などの多くの部位が有機的に連携することで機能していることと同じで、ばらばらでは、何も働かない。その蓄積した知識をつなげる役目が、現実への挑戦であり経験である。現実での経験という媒介が必要なのである。

生活の重み

開発途上国に行くと、物売り少年や少女を見かける。と言っても、私はあまり経験がないが、テレビなどでよく見かける。信号機が青から赤になって、車が信号機の前で止まる。その間、数分間もないだろう。その間、新聞、ペットボトル、花、食べ物、などを抱えた少年少女が、車の運転席に走ってくる。いかがですか、と声をかけ、運が良ければ、新聞やペットボトルを買ってくれるだろう。そしてドライバーからお金を受け取り、お釣りを返す、その間が1分もない中での仕事である。少しでも時間がオーバーすれば、赤信号が青信号に変わって車が動き出す。車の間を縫うようにして、歩道に戻らなければならない。彼らは、生活がかかっている。少しでも多く売って、お金を稼がなければならない。学校へも満足に行けない子どもたちが多い。

その物売り少年少女たちの、お釣りの計算の仕方を調べた研究者がいた。その結果わかったことは、学校で勉強する計算法ではないという事実である。学校では、遠いギリシャやローマの時代から伝わってきた10進法にしたがって、計算をする。しかし、この物売り少年少女の計算法は、10進法ではなくて、独特な方法だった。そして、数学教育の専門家の判断によれば、その方法は、信号機の前という危険な状況ですばやく計算するには合理的で実用的な方法だという。彼らは、満足に学校にも行けない貧しい家庭の子どもたちである。10進法の計算問題も満足に解けない子どもたちが、どうしてこのような優れた方法を思いついたのだろうか。数学に特に優れた才能を持っているとは、どうしても思えない。何故だろうか。

それは、生活の重みであろう。彼らは、1分足らずの間に瞬間的に計算をしてお釣りを出さなければならない、そうでなければ家に戻れない、今日のパンにありつけない、という切羽詰まった状況の中で、彼らが脳を絞って考え出したというより、思いついたという方が、正しいであろう。学習科学では、「状況の中に知識が埋め込まれている」と言う（佐伯胖（翻訳）、福島真人（解説）、ジーン・レイヴ（原著）、エティエンヌ・ウェンガー（原著）、状況に埋め込まれた学習—正統的周辺参加、産業図書、1993）。その埋め込まれている知識を、生活の重みが引っ張り出して、彼らに思いつかせたと解釈できる。それは、経験知でもある。現実や状況という中で思いついた知恵であり、知識である。

以上の物売り少年少女の計算法は、町の数学研究（Street Mathematics）として知られているが、他にもいろいろな事例がある。あるテレビを見ていたら、有名なホテルのドアマンは、一度お客を見たらその顔と名前は決して忘れないという。帰る時には、お客の名前を言って、車のドアを開ける。記憶術を勉強したわけではない。その状況や経験を積んだから得た知である。寿司屋さんで、寿司を注文すると、板前さんは、次々に注文の寿司を握っているが、よく間違えないなと思うくらい多くの注文を受け、何もメモしないで注文をさばいている職人さんを見かける。思い出せば多くの事例があるだろう。それはすべて、現実や状況などで得られた知識である。これらの知識は、教科書や文献ではなかなか伝わらない。したがって、形式知として伝達する知識と、もうひとつ経験に基づく知識がある。多くの問題解決では、このような経験知が重要な役割を果たす。

専門家の知識

ある芸術系の大学の入学試験について聞いたことがある。芸術系なので、筆記試験ではなく実技試験を重要視している。美術の試験や音楽の試験などの試験官は、2人程度だという。そんなに少ない人数で学生の試験ができますかと、聞いたことがある。即座に、「1人でも十分だ、始めの5分程度を観察すれば、どのレベルかはすぐに分かるし、2人の判断はほとんど一致する」と答えた。専門家とはすごいと感心したが、どの分野でも同じかもしれない。

専門的な知識は、正解と不正解をチェックするので、筆記試験で判断できる、しかし、能力の試験は難しく、例えばコミュニケーション能力を判断せよと言われれば、筆記試験では無理で、面接とか何か即興的に課題を出すとか、パフォーマンスを観察して判断するしかない。そのパフォーマンスや面接なども一応は試験をするが、例えば入社試験ならば、現実に入社して仕事上の成果で判断するしかない。それは、能力試験の方法論が確立されておらず、コミュニケーションの専門家がほとんどいないからである。その意味で、芸術系の大学は、パフォーマンス評価で入学試験を行い、それが極めて高い確率で、学生の能力を見分けられると聞いたので、驚いたのである。この分野の専門家は、長い経験でその見分ける力を得たのではないだろうか。

教科書だけでは無理で、経験という重みが、言語化できない感覚を身に付けさせたのであろう。その意味では、芸術家も科学者も、そして小中学校の教員も、専門家とか名人や達人と呼ばれるような人物がいる。彼らは、形式化された知識である教科書や論文などから得た知識の他に、徹底的に練習する、何度も実験する、繰り返して技を磨く、などの現実の経験を通して得られた知識や感覚がある。大学院生の研究指導でも同じで、そのテーマが面白いかとか、この方法だとうまくいかないとか、そのアドバイスは、長い経験で決まる。文献調査や実験方法などは、学生に考えさせるべきで、学生が求めるのは、専門家としての経験知なのである。その経験知が、問題解決には必要で、これまでは見過ごされていた知識だが、現実にはその役割はきわめて大きい。

経験知の共有

先に、パソコンのファイルが消えて青くなった学生の事例、認知症で徘徊する母親の介護の事例を、紹介した。認知症の事例は、テレビ番組で見たのがきっかけであるが、後にインターネットで確認した。いずれも、インターネットがなければ、学生も卒業論文を書くことができず、私もこの原稿を書くことができなかった。

考えてみれば、インターネットは素晴らしい発明である。テレビ番組は、一過性なので見過ごすと、再現することができない。インターネットによって、ウェブ検索によって、世界中の知識を即座に手に入れることができる。国や人の間には、紛争が絶えない。それぞれの国の事情があり、国益を守るというミッションのため政治家はその調整に苦しみ、海外担当のビジネスマンや海外子女・帰国子女・留学生や観光客も異なる文化のために、摩擦が生じる。

これに対して、情報の世界では、完全に平等でありグローバル化を実現したと言ってよい。どの国に行っても、インターネットはつながり、スマホがつながり、メールを送受信でき、Ｗｅｂで調べることができる。ＮＨＫテレビの番組で、ＭＯＯＣを利用して大学理数系科目の勉強をしているパキスタンの少女が、「講義が難しくて、ネットに質問を出したら、世界中の専門家から、答えが返ってきた。私は世界中に超優秀な家庭教師を雇っているようなものだ」と述懐していた。パキスタンやアフガニスタンの国では、女性というだけで教育が制限されたり、信じられないような差別を受けるという。だから番組の中の少女は、まるで別世界で奇跡を体験しているかのような表情をしていた。インターネットの世界では、完全に平等なのである。誰でも自由に利用することができる。

教育の世界では、インターネットで調べ学習することに、懸念を持つことがある。それは、先に述べたように、権威づけられた教科書や文献ではなく、多様な情報が混在しているからである。学校教育では、教科書や文献や新聞などを信頼すべき知識として尊重し、インターネット上の知識や情報は、そのまま信頼しないでよく吟味するように言われる。確かに、ネット上の知識や情報には、人を惑わす悪徳情報もある。しかし中学生や高校生は、それらの情報が危険なことを承知で、アクセスする場合も多い。歓楽街に出かけて、危険を承知で覗きたくなる心理に似ている。だから、現実的にもネット上でも、自分の身をいかに守るか自制心を持つかが、重要なことは同じである。

インターネットにお世話にならない現代人は、いないであろう。パソコンの故障、顔にできた小さくて赤いブツ、知らない専門用語など、すぐにパソコン修理店、病院、専門家の訪問をする人はいない。まずネットで調べるだろう。パキスタンの少女のように、小さな質問から大きな質問まで、世界中につながっていることは、世界中の人の知識と経験で答えをもらうことに他ならない。しかし、物事には必ずプラスとマイナスがある。間違った情報もあるだろう。だから、そのこと自身に価値はない。どう使うかで、価値が決まるのだ。危険だから止めようでは、車も乗れず、テレビも見られず、電車も飛行機も乗れず、旅行もできない。マイナスにならないように注意しながら、プラスになるように活用することだ。

新聞のニュースさえデジタル化されている。紙では保存できず、検索できないからである。権威づけられた知識は、教科書や文献で十分で、ネット上で検索する必要もないだろう。むしろ、経験に裏付けられた知識や総合的な知識が、未知な課題解決には力を発揮するだろう。百科事典的な知識は、コンピュータなどを活用すればよい。

経験的な知識は、ネット上でしか得られない。あるいは、長く経験を積んだ専門家との対話の中でしか、得られない。これまではあまり気にしなかった経験で得られた知識や知恵に、もっと注目すべきだろう。

まとめ

①現実の問題解決には、権威づけられた教科書や文献などの知識の他に、経験で得られた知識も、重要である。

②医学生と本物の医者の違いについての研究では、個々の知識では差はないが、総合的な判断において、決定的な差が生じた。その理由は、本物の医者は、絶えず患者さんを診断するという経験があり、その経験が個々の知識を構造化しているからである。医学生の知識は、教科書や文献だけだからである。

③開発途上国で見られる物売り少年少女の計算の仕方は、学校で勉強する10進法では

なく、独特の計算法を使っているという事実から、物売りという状況や生活を支えなければならないという意識が、そのような計算法に気付かせたと言える。これも、経験知である。

④専門家と言われる人の知識や技や知恵は、長い間の経験から得られたものであり、それは教科書や文献だけから得たものではない。

⑤このような経験知の共有には、インターネットがきわめて有効である。学校教育では、ネット情報に対して危険視する場合もあるが、それは使い方に依存する。光にもなれば影にもなる。正しく使えば、知識の宝庫になる。

10

コミュニケーションが変わる

子どもたちだけでなく大人も含めて、デジタル環境が、コミュニケーションの在り方に大きな影響を与えている。どう対応すればいいのだろうか。

対面コミュニケーション

電車の中で数人の中学生か高校生が座っていた。彼らは無言でスマホを触っている。静かなので誰も違和感はないが、ふとスマホの画面を覗くとラインだった。その数人がラインで会話をしている。「対面で話せばいいではないか、何故ラインなのだ、だから今の子どもはおかしくなったのだ」と、知人が私に言った。ある大学教員は、「授業中にラインをやっている、禁止だと言っても、スマホに触っている、一度何を書いているのかと思って、学生に聞いてみたら、実況中継だと言った。それはどういう意味だと聞いたら、授業の内容を友達に、と言ってもその教室の中の友達だが、この話は面白いとか、内容は知っているとか、そのような授業の感想のようなものだ、と言う。ではノートできないではないかと聞くと、今の学生は、器用で両方をこなしているようだ」と、私に言った。こんな話は、どこにでもあるだろう。それほど、ラインなどのスマホを使った会話が増えてきた。

確かに使い過ぎだろう。もっと対面コミュニケーションをすべきだろう。ただ、今の時代に、SNSのようなコミュニケーションツールを禁止することは無理である。先の電車の中のラインの会話を考えてみよう。大勢の大人の前で話しにくい内容だったかもしれない。勉強のこと、部活のこと、テストのこと、教師のこと、など他人に聞かれたくない内容だったら、むしろラインのほうが適切かもしれない。大人も、電車の中では、ほとんどがスマホを触っている。

私も電車通勤をしているのでわかるが、朝夕の都心の電車通勤は、正直苦痛である。だから私もスマホや本などを利用する。時にニュースを聞いたり、メールを読んだり送ったりすることもある。じっと我慢して不平を言うより、よほど建設的である。だから、スマホやラインが問題なのではなく、使い方なのだ。時に英語ニュースをスマホで聞くこともあるが、有難い時代になったと感謝している。中高生が、ラインで友達の悪口などを書くことで、ネットいじめになったら、それは問題になる。迷惑写真を悪ふざけで送ったら、大人から批判される。それは、ラインのせいではなく、使う人の未熟さと言ってもよい。だから、教育すればいいのだ。

また、授業中のラインの使い方も、再考の余地がある。若い学生が、じっと90分の授業を受けることは、現実的にかなり厳しい。大人であっても、難しい。私の経験でも、専門学会などで自分の興味関心のない研究発表を聞いている時は、20分の発表時間も耐えられない。途中で教室を出ることもある。こらえ性のない幼児のようなもので、概して、研究者は自分の専門分野は夢中になって時間を忘れるが、それ以外は何も関心がなくすぐに飽きがくる。だから90分間も学生が集中して、それを1日に何回も強制すること自身に無理があるのだ。アクティブ・ラーニングがスタートしたのは、大学の授業改善が目的であった。人は、興味や関心のない講義を黙って我慢して聞くことには耐えられない。何かで表現したいのだ。それが人の本性と言ってよいだろう。質問したり、隣同士で私語をしたり、ノートにいたずら書きをしたり、居眠りをしたり、スマホで実況中継したり、というように何かで反応している。授業方法を工夫するしか、解決策はない。したがって、スマホやラインだけを非難してもおかしいのだ。

コミュニケーション手段

当時はスマホでなく携帯だったが、私は授業で利用した。始めは、出欠席の確認だった。携帯を使って、電子メールで出席を取った。これは大成功だった。3分以内で、100名上の学生の出席が確認できた。それまでは代返などもあって正確ではなかったが、携帯による出席確認は、授業開始5分以内で実施し3分間以内で終了するという平等性と正確さが、学生に好評だった。授業中に携帯を触るからという理由で、他の教員から批判されたが、決してそんなことはない。大切なことは約束なのだ。授業中に決して触れないこと、違反した場合は携帯を取り上げるという、きちんとした約束をすることだ。このように携帯も有効に活用すべきだと、思っている。私は、学生に質問があるときは、携帯で質問させることを試みたが、これも大成功だった。学生に質問がないのではなく、大教室で手を挙げるのを躊躇しているだけなのだ。携帯では、よく考えた質問が数多く出てきた。私の方法は、携帯メールで送る質問をスクリーンに表示するのである。誰がどのような質問かという質問者の一覧表が表示されるので、面白そうな質問については本人に指名する。不思議に、このような場面では堂々と話す。それから、堰を切ったように質問や議論が出てくる。１００名を超す講義科目で、質疑応答で盛り上がる授業は、日本ではあまり聞かない。そして、欠席者がほとんど皆無だったことも、有難かった。

先のラインの事例では、学生は、授業中に何かを感じ、何かに疑問を持ち、何かにコメントしたかったが、現実にはできないので、ラインで実況中継という方法で、自分の感想を友達に送ったのである。ならば何も批判することはないではないか。それを拾い上げる方法が、教員に不足しているのだ。もっと、使い方を工夫することだ。先の携帯メールでの質問システムは、その後使わなくなった。それは、１００名以上のクラスであっても、堂々と質問の手があがり、議論ができるようになったからである。それは、私にとって晴天のへきれきのような出来事であった。

不登校生徒を救えるか

ある市の教育センターから、不登校生徒への支援研究の依頼があった。まだ携帯が普及する前の15年以上前の実践研究だった。私は、電子メールを活用する提案をした。不登校生徒の問題は、人の心に関わる臨床問題であり、電子メールのような無機物が関わって解決できる問題ではないことは、誰も知っていたので、荒唐無稽な提案のような印象を持たれた。当時、6名の不登校の中学生がいて、教育センターの相談員にカウンセリングを受けながら、教育センターに週に数回訪問していた。センター側は、不登校生徒たちは学習の遅れが目立つので、自宅にパソコンを貸し出して自習できるようにすることが依頼の本音だった。同時に、電子メールで状況把握もすることだったが、それは付録のようなものだった。

詳細は省略するが、結果は学習支援よりも、電子メールが効果的だった。6名全員が、約1年後に学校の保健室登校や通常授業への参加、そして高等学校へ入学できた生徒もいたからである。これに勇気づけられて、その後も継続研究することになり、当時私の研究室所属の大学院生が教育センターの相談員と連絡を取りながら、11名の不登校生徒を対象に実証研究を続けた。相談員と一緒に、不登校尺度を作って毎月チェックした。自宅から一歩も出られない状態から、教育センターへの訪問、保健室だけの登校、そして授業への参加など、17段階の尺度を作って11名の生徒にインタビューし電子メールの内容を分析した。その結果は、1年後には全員の不登校状態が改善された。6名の不登校生徒に続いて、11名の生徒にも大きな成果が得られた。これは、驚くべき結果だった。

私は6名の内の1人の電子メールを読んで、はっとすることがあった。その生徒が初めて電子メールを送った先が、父親だった。父親の会社の電子メールアドレスに宛てて、メールを出した。「自分も、隣の子のように、家族旅行をしてみたい」と書いてあった。会社で我が子の電子メールを読んだとき、父親が驚いたことは言うまでもない。「なんでこんなことを、俺に言ってくれなかったのか。すぐに旅行に行こう」と電子メールに返信して、次の土曜日に妹もつれて家族4人で旅行した。その後、彼の不登校状態は改善され、先に述べたように晴れて高等学校に入学できた。両親は、入学式に参加して、桜の下で春のような心躍る気持ちだったに違いない。

大学院生の電子メールの分析によって、不登校状態の改善のポイントは、電子メールにどれだけ本心を書けるか、であった。自己開示と呼ぶが、その本心が開示できた度合いが大きいほど、不登校状態が改善できることを見出した。先の父親は、何故、自分に本心を言ってくれなかったのか、と嘆いたが、対面では言えなかったのだ。対面で言えるくらいなら、不登校になっていなかった。誰にも、父親にも母親にも妹にも、そして友達にも本心を言えなかったから、どこにも行けず、自分の部屋に閉じこもるしか方法がなかったのだ。それが、ようやく電子メールという無機物によって、彼は心の中を言えるようになった。電子メールは、自分の気持ちを隠さずに言える、このことが、彼を救ったのだ。対面では、怖いのだ。そんなことは、誰でも経験しているだろう。誰でも、苦手な人は敬遠したくなる、英語の苦手な人は、外国人の前に出ると緊張する、人前で発表する時あがってしまう、という経験をしている、それは、対面では、自分のすべてが見られるからなのだ。目は口ほどにモノを言い、の例え通り、コミュニケーションは言語よりも非言語の情報量が多く、ごまかせないからだ。自分の英語で相手がおかしな表情をしたら、例え口で褒めても、自分の英語がまずかったのだと思って、委縮することもあるだろう。デパートで店員さんがいろいろ口上を言われると、ほっといてほしいと思うこともあるだろう。人は、対面によって人間関係を壊したり、つないだりしている。対面で傷ついた子どもが、不登校になるのだ。だから、電子メールでようやく本心が言えた。それがきっかけで、少しずつ対面でもコミュニケーションできるようになった。先の大教室での電子メールの質問と同じである。電子メールがきっかけで、質問の手が上がるようになった。

逆に、電子メールやラインで、ネットいじめに発展することも、誰でも知っている。あの子は、気持ち悪い、汚いと、対面では言えないことを、ラインという心の壁の低いアプリを使って簡単に言ってしまうことで、人間関係が壊れてしまう。だから電子メールやラインなどのSNSは、光と影の両方を持っている。不登校生徒を救うような薬にもなれば、ネットいじめをもたらす毒にもなる。電子メール、ライン、スマホなど、それ自身に価値はない。無色なのだ。毒にも薬にもなり、凶器にも宝にもなる。それは、どう使うか、どのように人が関わるかによって、決まるのだ。正しい使い方をするとは、情報活用能力を習得することと同じである。教育が必要である。

共有すること

やはり15年以上も前の教育実践である。ある中学校が、その市のコンピュータの研究指定校になった。そしてコンピュータ嫌いを自称している、ある音楽教師が指名されて、研究授業を披露することになった。彼は、そもそも音楽は実際に楽器を演奏したり、声を出して歌ったりするもので、コンピュータなどを使うものではないと思っていた。思うというより、音楽教師という専門家としての信念だった。しかし学校の方針となれば仕方がない。嫌々ながら、コンピュータに触れていった。やってみると、そんなに難しいことではなかった。というのは、技術科の教員がよく面倒を見てくれて、初歩から教えてくれたからである。公開授業当日も、側にいて支援してくれるというので、安心した。公開授業では、「世界でたった1つの君の曲を作ろう」とした。作曲ソフトを使うことにした。そのために必要な音楽とコンピュータの知識や技能は、何回かの事前授業で教えていた。コンピュータ室での公開授業が始まった。

その学校は、市内の問題校だった。当時そのような風潮があって、中学生も窓ガラスを割ったり教室の後ろで遊んだり、教員はその対応に頭を痛めていた。彼が心配したのは、そのクラスに問題の生徒がいたからである。日ごろは、なるべく顔を合わせないようにしていた。公開授業中に何も無ければいいが、と思っていたら、その問題の生徒から突然手が上がった。ドッキとしたが、その生徒の側に行ってみると、五線譜に関する簡単な質問だった。なんだ、こんなことかと思って、コンピュータ画面を指さして答えたら、また次々と質問が出てきた。それは、考えられないような光景だった。彼が問題の生徒だということも忘れて、画面を見ながら質疑応答が続いた。ようやく質問が終わって、席を離れようとしたとき、「先生、ありがとう」という声を聞いた。信じられないような言葉だった。初めて生徒の気持ちが分かったような気がして、これまで俺は何をしていたのだろうと、生徒に詫びたい気持ちになった。

私は、この話をある市の情報教育研究会で聞いた。考えてもみよう。この時に、問題の生徒と音楽教師は、顔と顔を合わせて対話をしていただろうか。そうではない。見ていたのは、コンピュータの画面だった。対面コミュニケーションが大切なことは、誰でも知っている。それが授業の基本だということは、教育学の教科書に書いてある。ベテラン教員は、新人教員にそのように伝えるだろう。しかし、顔を見合うことではなく、共有することではないのか。コンピュータ画面を共有することで、始めて教師と生徒のコミュニケーションが成り立ったのだ。音楽教師が指さすその五線譜を2人で共有し、その意味を探って、そうだ、その通りだと共鳴したのだ。だから、感謝の言葉が発せられた。大切なのは、対面ではなく共有することではないのか。言葉にしなくても顔を見なくても、何か共有するものがあれば、人の気持ちは通じる。電子メールでもラインでも同じである。対面とかラインとか表面的なことではなく、お互いに共有するものがあるかないか、共鳴することがあるかどうか、そのほうがコミュニケーションにとって、より大切である。

何が伝わるか

外国の研究者の論文で（Rouse,S.V., Haas H.A., Journal of Research in Personality, Vol.37, pp.446-467,2003）、電子チャットによる性格判断テストの面白い論文がある。専門的になるので、結果だけを簡単に述べる。対面であれば、誰でも相手の性格などを推量で当たることは、日常的に経験している。しかし、電子メールやラインなどではどうであろうか。「なりすまし」という犯罪行為があることを思えば、対面に比べて、相手の表情が見えないだけに、相手の考えや性格を当てることは難しい。この研究では、相手の性格を当てる実験を行った。対面と電子チャット、つまりラインのような電子的な対話で比較した。相手の性格は、心理テストによって神経質とか外交的とか、5つに分類した。対面で10分ほど対話してもらい、相手の性格を推量してもらうと、かなり高い確率で当てることができた。顔の表情などの非言語までも動員して判断できるからで、常識的にも納得できる、

一方、電子チャット、つまりラインのような対話では、文字だけなので相手の性格を当てることはきわめて難しく、当たる確率はきわめて低かった。しかしある性格だけは、例え電子チャットであっても、かなりの確率で当てることができた。この発見が、この論文の独創的な点であるが、それは誠実さや良心的な性格であった。文字だけであるが、文字通り行間を超えて感じることができたのであろう。対面だろうとラインだろうと、伝わるものは誠実さだという結果である。

これからの時代は、コミュニケーション手段が変わるだろう。しかし対面とかスマ

ホとかの表面やデバイスの問題ではなく、共有すること、共鳴すること、誠実さなどの、人と人の間にある内容や本質が重要なのである。

まとめ

①スマホやラインなどが、コミュニケーション手段として使われるようになった。その使い方によって結果は異なるので、手段だけを非難してはいけない。

②大学の授業で、携帯やスマホなどを出席管理や質問などで活用すると、きわめて効果的である。使い方によって光にも影にもなる。

③電子メールによって、不登校生徒が登校するようになった。逆に、ネットいじめの原因にもなる。電子メールやラインなどは、自分の本心を言いやすい垣根の低い手段なので、使い方によってどうにでもなる。電子メールやラインそのものに価値はなく、価値を引き出すのは、その使い方である。

④コミュニケーションでは対面だけが重要なのではなく、何を共有しているのか、が大切で、対面やスマホなどの手段が決めるのではない。
⑤コミュニケーションにおいて何が伝わるかは、誠実さだという研究がある。この意味において、手段ではなく、共有する、共鳴する、誠実に伝える、という人と人の間にある内容や本質が重要だと言える。

終章

基本を守り個性を伸ばす

これまで述べてきたように教育の在り方が変わろうとしている今日、守るべきもの、伝えていくべきもの、変えるべきもの、伸ばすべきもの、それらは何だろうか。

デジタルが果たす役割

デジタルがどのように関わってきたか、これまでの内容を振り返ってみよう。

第1章「仕事の質が変わる」では、デジタル技術、コンピュータによって、一定の手順で表される仕事は、人間を必要としないことが、多くの専門家によって指摘されたと、述べた。子どもたちが大人になる頃は、半分以上は新しい職種になると言われる。さらに人工知能やビッグデータなどによって、人の代わりをすると言われる。人工知能のニューラルネットワーク技術では、人がある手順を示したプログラムを組み込まなくても、自動的に特徴を抽出するので、機械自身が学習できる。例えば、「あ」の手書き文字認識では、人は多くの「あ」の手書き文字を見て自動的に「あ」と認識しているが、同じことをコンピュータにさせるために、多くの「あ」の手書き文字を入力すると、その特徴を自動的に抽出して認識するようになる。それは人の脳がモデルで、脳細胞をニューロン、脳細胞をつなぐ突起をシナプスというが、それをまねたのがニューラルネットワークである。人の代わりとは、人をまねるということである。やはり、人が前を走らなければならない。

逆にコンピュータでできることを、人がまねても仕方がない。百科事典を人が覚えても、コンピュータにはかなわない。コンピュータをうまく使える人が求められることは、当然である。情報活用能力や問題解決能力が、必須になるだろう。

第2章「教育モデルが変わる」では、多くのデジタル環境が子どもたちの前に現れ、大人の知らない間に、勝手にアクセスし始めた、と述べた。いつの間にか操作を覚え、ゲームをし、時に暴走することもあった。これを大人が見て、顔をそむけたが、考え方によっては、自主的に学習し始めたと言ってもよい。夜遅い電車の中で、高校生がスマホで勉強している光景を見た。それは、紙の英単語カードで、英単語を覚える姿と変わらない。とすれば、このデジタル環境をうまく生かし、子どもたちが自主的に学習できるように活用するほうが、批判することだけよりも、建設的な考え方ではないだろうか。そのことは、従来の教師の役割を変える。内容をうまく教えるという立場から、正しく、効果的に、デジタル環境を使えるように、アドバイスする、コーディネートするという役割に変化する。

第3章「教育システムが変わる」では、学習指導要領が、教育内容だけでなく教育方法までも規定するようになった、と指摘した。子どもたちが、主体的に協同的に学ぶとは、どういうことなのか、そのためには、何が求められるのか、その道具の1つとしてデジタル教材がある。デジタル教材には、子どもだけでなく大人も含めて、人を引き付ける力を持っている。その説明を第5章で書いたが、教材のアフォーダンスと言ってよい。新しい教材、環境、道具に対しては、やってみようとする人と、やめておこうとする人に分かれるようだ。デジタル技術は、善でも悪でもなく、光でも影でもなく、それ自身に価値はない。どのように活用するのか、どのような態度で取り組むのかで、プラスにもなればマイナスにもなる。現代社会では、デジタル技術にそっぽを向かず、前向きに取り組む必要がある。教育でも同じである。

第4章「学習の仕方が変わる」では、世界の国には、いろいろな学習方法があり、それぞれ特徴があり、考え方がある、と書いた。フィンランドでは、学年の概念が薄く、子どもの不得意な科目は、下の学年のクラスで授業を受けることは、当たり前であるが、日本では保護者が黙っていないだろう。このように国によって多様な考え方があるが、どの国でも共通的に見られる考え方、それは子どもの自主性を育てることである。

自主的に学習することを否定する国はないだろう。そのために、デジタル教材などを活用する。デジタル教材を前にした子どもたちの学習風景は、文字通り自主的であり、隣同士で相談するように協同的であり、教師は補助的な支援者になっている。反転授業は、自宅で自主的にデジタル教材、特にビデオを使って予習することを前提としているが、目的は、子どもが基礎的な内容は自分で学習して、教室では、議論を中心にする考え方であった。

第5章「公式から非公式に変わる」では、紙の教科書からデジタル教科書への変化について、述べた。デジタル教科書は、紙の教科書にデジタル教材が統合されたと考えてよい。紙の教科書だけで教える教師は、ほとんどいない現実を見れば、教材の必要性は言うまでもない。何故だろうか。それは、教材・教具のアフォーダンスと言える。教材のアフォーダンスとは、教材自身が、子どもを誘発する、引き付ける、こうすればいいというメッセージを出す、などの意味で、これまでは、教師が子どもに働きかけて、学習意欲を出しなさい、練習をしなさい、根気を持ちなさい、思考しなさい、と子どもの側に、そのような力や態度を求めていたが、アフォーダンスは、教材自身がそのようなメッセージを出して、子どもを引き付けるという考え方である。

タブレット端末は、日本語では平板という意味で、黒板もノートも同じように平板である。だから、黒板はチョークで書きたくなる、ノートは鉛筆で書きたくなる、タブレット端末は指で触れたくなるというアフォーダンスを持っている。3歳の幼児でも、誰にも教えてもらったわけでもないのに、紙を見ると色鉛筆で自由に書いている、タブレット端末を見ると、いろいろなボタンを触れている。これがアフォーダンスであり、デジタル教材が、子どもを引き付け学習したくなるようでなければならない。

それが自主的な学習につながる。

第6章「個人から協同に変わる」では、協同学習の意味について、アクティブ・ラーニングの観点からも述べている。個人ではなかなか気がつかないことも、他人の存在によって、気づくことが多い。気づくこと、それは学習にとって、本質的であり、脳の部位にしまい込んだ知識を、前頭葉に持ってきて思考する活動に似ている。コンピュータで言えば、ハードディスクに保存した情報を、メモリーに呼び込んで、CPUが計算処理する過程に、比喩できる。気づかない知識は、引き出しにしまい込んで、その存在を忘れてしまったモノと同じで、何も役立たない。協同することによって、多くの知識が呼び出され、共有され議論されることで、思考が活性化する。その共有することと、情報を可視化する時に、デジタルがきわめて有効である。多くの実践では、タブレット端末を前にして、グループで話し合い、ネットで検索したり、子どもたちの知識を引き出したりする光景が見られる。

第7章「学校から社会指向に変わる」では、デジタルと教育の背景として、教育の仕組みが、学校だけの世界から社会指向に移っていることを指摘した。学校評議員制度では、学校関係者以外の社会人からの目で学校運営を見直す目的があり、民間校長制度では、教職免許を持たない校長を受け入れ、教職大学院の教員は、研究者ではなく実務経験者を重視し、教員採用試験の面接官には一般社会人も登用し、という背景を見れば、学校だけでなく社会指向の考えが反映され、一言で言えば、市場原理が働いている。その1つとして、デジタルの教育利用がある。

クラウドによって、学校と家庭がつながり、教材も宿題もネット上で利用することができ、反転授業は、家庭学習と学校の授業をつなげ、塾と学校の授業をつなげ、また個人用のパソコンやタブレット端末を学校に持ってきて、教具や備品として活用するBYODの仕組みも、学校と家庭と社会をつなげる試みと考えることができる。この傾向は、さらに広がるであろう。その考えを、最初に提案したのは、PISAと言ってもよいだろう。社会で生きる力としての学力を、測定調査したからである。

第8章「準備から今へ変わる」では、教科学習のほとんどは、過去の文化遺産としての知識を子どもたちに教えてきた、と述べた。これはもちろん大切なことであるが、さらに今現在における課題を探究することも、重要である。教科学習の内容は、内容の系統性にしたがって学年に配列されているが、それらの知識が、他の分野や教科には、なかなか適用できない、転移できない、という問題が指摘されてきた。

この問題を解決する方法の1つとして、課題研究がある。高等学校では、課題研究は教育課程上に位置づけられているが、大学進学を目指す高等学校では、一般に時間をかけないという。それは、大学受験という準備教育のためであり、入試問題では過去の知識を問う問題が多いという現実への対応からと言われる。しかし、理数科目を重点的に学習するSSHでは、実験をし、かつ課題研究に多くの労力をかけている。その結果として、学ぶ意義や、質疑応答の量の多さと質の深さ、大学進学率の増加、などの顕著な効果が表れている。課題研究は、レベルの差はあるが、過去の知識を学ぶことではない。未知の課題を追及するのである。過去ではなく今であり、準備ではなく今の問題に挑戦するのである。そのためには、調査する、分析する、実験する、まとめる、表現する、などの活動を行うが、そのすべての活動にＩＣＴが活用されている。ＩＣＴは、このような課題研究に、必須の道具であり、環境である。教科の中に、課題研究を関連づけて授業をしている学校も出てきた。

第９章「伝達から経験へ変わる」では、これまでの学習は、ほとんどが確立された知識や技能などを伝えるべき内容として、教育課程に位置づけられてきた、と述べた。第８章「準備から今へ変わる」でも述べたように、今の課題を追及しながら、過去の知識と行き来することで、過去の知識は、机の引き出しから机の表に出され、生きた知識となるのである。同じように、現実の場面に出会って実践することで、過去の知識がよみがえり、それらの知識をつなげ、全体として役立つ知識に変化する。

例えば、本物の医者と医学生の違いは、本物の患者さんに接しているかどうか、診断しているかどうか、にあることを、患者さんのカルテから病名を診断する調査を通して、明らかにしている。つまり、医学生は、カルテの個々の項目では医者と同じような病名の可能性を指摘できるが、全体としての病名の診断では、医者に、はるかに及ばなかったという研究である。その経験知を活かすには、どうすればいいだろうか。

実際にすべてを経験することはできない。インターネットは、そのような経験知も含めた知識の宝庫である。権威ある教科書から学ぶと同時に、実践や経験で得られた知識、実践知や経験知を、生かすことである。その時に、情報活用能力が求められることは言うまでもない。

第10章「コミュニケーションが変わる」では、教育の基本である対面コミュニケーション（FTF）に加えて、コンピュータを介在したコミュニケーション（CMC）が、日常的に行われるようになった。その影響は、多くの事例が証明する通りであるが、これも使い方・活用の仕方で、光にもなり影にもなる。不登校だった子どもが、初めて父親に、旅行に行きたいというメールを送ったことがきっかけで、学校に登校するようになった。対面では壁が高くて言えなかったのだ。反対に、クラスメートの悪口をメールで送ったことがきっかけで、いじめを受け不登校になる子どももいる。使い方次第なのである。対面のように、きちんとお互いの目を見て話すことだけでなく、目を見なくても共有する場があれば、コミュニケーションできることを、いくつかの事例で紹介した。今日では、ＳＮＳなどが一般に普及してきて、新しい形のコミュニケーションが出てきた。逃げるだけではなく、いかに対応するか、いかに活用するか、にかかっている。これも、情報活用能力である。

基本を守る

上記のように、これからの教育は、これまでと大きく変わろうとしている。そこにデジタル技術が大きく関わっていることは、先に述べた通りである。デジタルが教育を変えるとまでは言えないが、大きな支えになっていることは、確かである。ただし、デジタル技術が、教育を飛躍させるのか後退させるのか、光にするのか影にするのか、薬になるのか毒になるのかは、その使い方つまり情報活用能力にかかっている。

しかし、ここであえて述べれば、さらに情報活用能力を支える土台があるようだ。

先に述べたように、メールが不登校の子供を学校登校させるプラスの力もあれば、逆に不登校にするマイナスの力もある。どう切り分ければいいのだろうか。不登校になった子どもは、何故父親に面と向かって、本心を言えなかったのであろうか。言えない事情があったからである。面と向かうと、言葉にならなった、言葉にすることが怖かった、のかもしれない。クラスの友達に送ったメールで、逆に不登校になったとすれば、面と向かって、ごめんね、とか本心が言えなかったことが原因かもしれない。それは、メール以前の問題であり、情報活用能力以前の問題である。言えないクラスの雰囲気があったのであろう。クラスという場がよどんでいる。家庭という場が濁っている。そのような場にあっては、どのようなデジタル機器も役に立たず、情報を自由に駆使する能力も、役に立たないだろう。

それは、挨拶する、礼儀を知る、場と時の配慮をする、整理整頓する、基本的なルールを守る、掃除をする、何でも言える雰囲気、愛情を持つ、など、生活上の基本が欠けているのである。それは、人としての基本、日本人としてのアイデンティティと言ってもよい。私が大学院生を相手にして長い間研究指導をしてきたが、研究室では、掃除、挨拶、礼儀、電話の応対、先輩を敬う、後輩を受け入れるなど、まるで小学生を相手にしたような指導を行ってきた。何故かと言われても答えようがないが、それが研究室の生活の基本だからとしか言えない。そこが乱れると、先のクラスや家庭と同じように、空気がよどみ、濁るのである。家庭も小学校も大学院も同じである。経験的にも、どの職場でも同じようなことが言われるが、長い間に蓄えてきた人の知恵ではないだろうか。

個性を伸ばす

以下の実践は、第3章でも紹介したので簡単に述べる。

ある小学校2年生担任の先生は、タブレット端末に子どもの顔写真を取り入れた。

小学2年生はまだ幼く、教科書を開くこと、ノートに書くことも、長続きしない、すぐに飽きてしまう。隣同士で話をし、教室を歩き回る、落ち着かない子どもが多い中で、どうしたらいいか考えて、ふと子どもの顔写真を取り込むことを思いついた。子どもは、自分の顔を見て、タブレット端末を教科書かノートのように使い始めて、授業に集中し始めた。そこに、先生の工夫がある。

読み聞かせの卒業研究をした学生がいた。その学生は、スクールサポートという、小学校に出かけて教師の補助をする活動の中で、読み聞かせの経験をした。初心者がベテランのように、子どもたちを引き付けて語ることは、それほど簡単ではない。どうしたら、子どもたちを引き付けることができるのか、と考えた時、タブレット教材を思い出した。物語がアニメーションになっている、語り部が素晴らしい、思わず引き込まれてしまう、これを使ってみようと、考えた。しかし、子どもを引き込むだけでいいのかと考えて、いろいろな条件を設定して、ゼミの時間に実験をした。タブレット教材をそのまま視聴させる、タブレット教材を紙芝居のようにして見せ、語りは学生がする、タブレット教材を時々ストップして、子どもたちに問いかけて反応を見ながら語る、などの比較を行った。これが、卒業研究になった。タブレット教材をどう活用するかという研究も、学生の工夫次第である。

ゼミの学生たちの指導案の実践である。ゼミの学生が、気にいった無料の学習アプリをダウンロードして、指導案を作って発表した。それは、彼らが受講している指導案の授業とは、まったく別であった。一言で言えば、自由であり、楽しさであった。学生たちの指導案の見方も、広がっていった。その指導案は、学生たちのアイデア、工夫、自由な発想が広がっていて、これまでの窮屈な世界から離れて、両手を大空に伸ばしているような、開放感が感じられた。

デジタル技術をどう活用するか、それは自由である。それぞれが工夫をすればよいのだ。これまでの教材と併用することも良いし、5分間だけ使うことも良いし、アメリカの小学校のように、1つの教室の中で、個人でタブレット端末を使う、グループで1台のタブレット端末を使う、教師がタブレット端末を使って黒板で授業をする、などに分かれて使うことも、面白い。こうしなければいけないというルールはなく、個々の教師や学校や国によって、様々である。自由なのである。

子どもたちが、タブレット機能をどのように使うのか、これも工夫次第である。校庭に咲いた朝顔、ひまわりなど、子どもたちが興味を持った植物を、タブレット端末で写真を撮った。その写真付き画像に、詩を書いた。子どもたちが書いた詩が、これまでの写真無しとは違って、まるで絵本のような詩集になって、タブレット端末にファイルした。別のクラスでは、同じように俳句を作った。写真無しより、俳句を読む心情が、よく伝わった。情景と俳句の言葉が重なるからである。クラスの俳句集が出来上がって、次年度の子どもたちの参考にすることになった。紙では保存が難しいからである。タブレット機能の何を使うのか、それも自由である。

教師も、学生も、子どもも、デジタル技術は、こうしなさいと強制するものではなく、自由に使いこなす道具や環境でしかすぎない。デジタル技術は、料理で言えば、新しい食材である。出来上がりの料理のうまさは、食材の良さだけでなく、料理人の腕にかかっている。新鮮で新しい食材が入ったのだから、新しい料理を自由に作り出すチャンスである。このように、デジタル技術を使うことは、それを使う人の創意工夫に依存する。教師によって、学生によって、国によって、様々な使い方があってよい。多様性と言ってもよいが、わかりやすく個性と呼びたい。タブレット技術を使って、もっと個性を伸ばすことである。

先に述べたように、生活の基本がなくてはならない。家庭の基本、クラスの基本、組織の基本ができていなければならないが、それだけでは、これからの日本は発展しない。もし首都圏を大きな地震と津波が襲ったらどう対応するのか少子化はますます拡大し、将来の仕事や年金制度は保証されるのかシャッター通りに象徴される地方は生きていけるのか、厳しい国際情勢の中で日本はどう対応するのかなど、政治家だけで解決できない問題ばかりで、問題解決できる能力を持った人材を育成するしか、生きる道はない。自分のことだけの関心ではなく、いかに問題解決するか、課題解決するか、対象を外に広げる教育、つまり本書で述べた、これからの教育の在り方が求められる。その方法は一様ではない。多様な方法があってよい。基本を守り、個性を伸ばすことである。

まとめ

①教育の方向は、どの国でも、21世紀型能力の育成に向かっている。子どもが主体になって問題解決する能力を育成することであるが、その教育にデジタル技術が大きな土台になっている。

②しかし、家庭・教室・学校・組織など、生活する上での基本は、きちんと守らなければならない。それは、空気のようなもので、空気が濁ると、すべての活動が本来の力を発揮しなくなる。

③さらに、生活の基本だけ守っても、発展することはできない。その上に、デジタル技術を駆使して、子どもたちが自主的に活動することが求められる。その方法は、こうでなければならないという規則はなく、教員、子ども、学校、国によって、ど

のような授業形態でも、どのような組み合わせでもよく、それは、各自の工夫による。その個性を伸ばすことが、これからの時代には必要である。

④その背景は、少子化の加速、経済の減速、自然災害の危機、国際関係の複雑さ、安全安心への不安、将来の生活保障の不安など、難問が山積みされており、これらの問題解決には、これからの時代を生きる子どもたちの能力に期待されるからである。

索引

タブレットは紙に勝てるのか

タブレット時代の教育

［定価］ 本体価格 1,650円＋税

［ISBN］ 978-4-906768-24-0

メディア活用の光と影をみつめる

タブレット、パソコン、紙それぞれを使った学習効果について、実証実験の結果に基づいて解説しています。紙とタブレットは何が異なるのか、どんなメリット／デメリットがあるのか、学習にどんな影響を与えるのかについて知ることができます。

さらに、タブレット時代の教育や教育の現場についても、解説しています。

タブレット教材の作り方とクラス内反転学習

［定価］ 本体価格 1,600円＋税

［ISBN］ 978-4-906768-30-1

具体例でタブレット活用を実践

「初めてタブレット教材を作る人」のために「誰でも簡単に作れること」「時間がかからないこと」「タブレット端末の特性が活かせること」を念頭に、著者自身が作成したタブレット活用の実践本です。

さらに、タブレットを活用した『クラス内反転学習』の授業モデルを初めて活字で提案しています。

著者紹介

赤堀侃司（あかほりかんじ）

現在、ICT CONNECT21（みらいのまなび共創会議）会長、（一社）日本教育情報化振興会会長、P検協会理事長、東京工業大学名誉教授など。これまでに、東京学芸大学、東京工業大学、白鷗大学で、助教授・教授・教育学部長などを務めた。専門は、教育工学。情報教育に関する執筆活動、講演活動も行っている。論文・著書多数。

●万一、乱丁・落丁本などの不良がございましたら、お手数ですが株式会社ジャムハウスまでご返送ください。 送料は弊社負担でお取り替えいたします。

●本書の内容に関する感想、お問い合わせは、下記のメールアドレスあるいはFAX番号あてにお願いいたします。電話によるお問い合わせには、応じかねます。

メールアドレス◆mail@jam-house.co.jp　FAX番号◆03-6277-0581

デジタルで教育は変わるか

2016年7月21日　初版第1刷発行

著者　赤堀侃司
発行人　池田利夫
発行所　株式会社ジャムハウス
〒170-0004　東京都豊島区北大塚 2-3-12
ライオンズマンション大塚角萬 302 号室
カバー・本文デザイン　船田久美子（ジャムハウス）
印刷・製本　シナノ書籍印刷株式会社

ISBN 978-906768-35-6
定価はカバーに明記してあります。